Inhaltsverzeichnis

1. Einleitung

Schon Wayne Dyer sagte: „You get world peace through inner peace. If you‘ve got a world of people who have inner peace, then you have a peaceful world.“. Übersetzt bedeutet es, dass Weltfrieden durch inneren Frieden entsteht. Würde es eine Welt voller Menschen geben, die inneren Frieden haben, dann gäbe es eine friedvolle Welt. Dieses Zitat ist der Grundgedanke, der dich durch dieses Buch führen und begleiten soll.

∞

Ich möchte dir mit diesem Buch Anregungen zur Selbstveränderung in Richtung inneren Frieden näher bringen. Dazu starten wir mit folgender kleinen Übung: Du siehst hier die Worte INNERER FRIEDE vertikal geschrieben. Nimm dir zwei Minuten Zeit und lass dir zu jedem Buchstaben zum Thema passende Begriffe einfallen! - Viel Spaß!

I______________________
N______________________
N______________________
E______________________
R______________________
E______________________
R______________________

F______________
R______________
I______________
E______________
D______________
E______________

Egal welche Begriffe du nun notiert hast, alle sind in Ordnung, so wie du sie gerade aufgeschrieben hast. Bei dieser Übung gibt es kein richtig oder falsch, sondern lediglich individuelle Wahrnehmungen und Assoziationen. Für dich kann innerer Friede etwas ganz anderes sein als für mich. Selbst, wenn du die von dir gewählten Begriffe mit denen von einem deiner Freunde vergleichen würdest, hätte dieser wiederum andere aufgeschrieben als du und ich. Die einzige Gemeinsamkeit, die hinter allen Begriffen steckt, ist der entspannte Zustand, den unser Körper als auch unser Geist bei der Verwirklichung von ihnen erreichen kann.

Auch ich habe mir zwei Minuten Zeit genommen, um mir Begriffe zum Thema "inneren Frieden" aufzuschreiben. Vielleicht findest du sogar die ein oder andere Gemeinsamkeit mit deinen Notizen.

Insel (Urlaub), Intuition	Freu(n)de, Flanieren
Neues annehmen	Ruhe, Rollenfrei
Natur, Neugierde	Inneres Kind
Einsicht, Empathie	Erleben (schönes)
Reisen, Resonanz	Dankbarkeit
Erkenntnisse, Energie	Engel, gEnießen
Risiko eingehen	

Es gibt genau so viele Wahrnehmungen wie Gesichter auf dieser Welt und dies ist auch der Grund, warum jeder bei dieser kleinen Übung etwas anderes aufschreiben würde. Doch genau diese Vielfalt hat uns Menschen zu jenen gemacht, die wir nun sind. Sowohl die Unterschiede zwischen uns allen, als auch die Gemeinsamkeiten machen uns als Gesamtheit der Menschheit aus und so wertvoll. Durch Interaktionen miteinander kann in Folge immer wieder Neues entstehen. Vielfalt ist der Schlüssel zu neuen Ideen und Weiterentwicklungen. Durch den Vergleich miteinander können wir wachsen, Neues kennenlernen und daraus Projekte entwickeln. Natürlich sollten diese Interaktionen auch harmonisch und friedvoll ablaufen. Und genau darauf möchte ich in den nächsten Kapiteln näher eingehen. Wie gehe ich mit anderen und auch mit mir selbst um, damit es allen Beteiligten gut geht? Wie sollte ich bestmöglich Entscheidungen treffen, kommunizieren und handeln, damit ich mit mir

innerlich im Frieden bin? Was verschafft mir denn überhaupt innere ZuFRIEDENheit und somit gute Gefühle?
Nur wer mit sich selbst zufrieden und glücklich ist, kann das effektiv nach außen ausstrahlen, positiv auf sein Umfeld wirken und Gutes in sein Leben ziehen.

2. Rollen weltweit

Jeder von uns vertritt und spielt Rollen, da wir Menschen es gewohnt sind in Kategorien und Rollen zu denken.

∞

Vergleichen

Wir Menschen vergleichen uns mit anderen, um herauszufinden, ob der Weg, den wir gewählt haben, der Richtige ist. Sei es der Weg zu handeln, zu arbeiten oder Kinder zu erziehen. Alles, was wir tun, vergleichen wir. – und sei es nur für einen kurzen Moment innerhalb von 10 Jahren oder schlussendlich am Sterbebett. Dieses Vergleichen ist weder positiv noch negativ, es ist einfach Feedback. Durch dieses Feedback entsteht Vielfalt in unseren Köpfen. Wir können uns somit selbst Fragen stellen, wie: „Welche Optionen gäbe es noch?“, „Ist das, was ich tue zielführend?“ oder „Sollte ich meine Ziele doch noch einmal überdenken und adaptieren?“. Es liegt zwar in der menschlichen Natur zu diskutieren und über Alltägliches miteinander zu sprechen, jedoch läuft dieser Vergleich sehr oft unbewusst in unseren Köpfen ab. Wie wäre es aber, wenn wir bewusst mehrere Optionen zu Verfügung hätten und ebenso bewusst die eigenen Ziele durch Vergleich mit jenen der anderen betrachten würden? Wir könnten mehr Sicherheit, Erleichterung und Kreativität spüren. Es könnten eigene Zieldefinitionen klarer erscheinen. Und es könnte auch dazu führen, endlich bewusst eigene Entscheidungen treffen zu können. Wer bewusst Vergleiche macht – am besten aus der Vogelperspektive, kann für sich selbst auch bewusst Entscheidungen treffen. Entscheidungen, die guttun, die zum eigenen Ziel führen und die zum Wohle aller sind. Bewusste Vergleiche aus der Vogelperspektive können ergänzend auch Akzeptanz lehren, worauf ich in einem der späteren Kapitel näher eingehen werde. Jeder Mensch handelt nach seiner besten Option aus bestem Wissen und Gewissen, auch du und ich. Niemand sollte dafür ver- oder beurteilt werden. Vielmehr sollte gefragt werden, wie und warum jemand zu diesem oder jenem Entschluss zu handeln gekommen ist.

Was ist eine Rolle?

Hier ist natürlich nicht die Rolle im Sinne einer

Küchen- oder Klopapierrolle gemeint, sondern das Bild, das die Gesellschaft einem Menschen zuordnet, je nachdem welche Handlung dieser ausübt, sei es sowohl beruflicher als auch familiärer oder sozialer Natur. Wir als Menschen machen uns von anderen Menschen ein Bild und ordnen dieses dann in Kategorien ein, die wir in unserem Leben kennengelernt haben. Einige der einfachsten Rollenbilder, die weltweit bekannt sind, wären beispielsweise Mutter, Vater, Großmutter, Großvater, Tante, Onkel, Cousine oder Cousin. Um dazu mehr ins Detail gehen zu können, sollte geklärt sein, dass es doch logisch ist - da uns dieses Rollenbild bekannt ist, dass beispielsweise die Rolle der Mutter die Pflege und Erziehung des Kindes beinhaltet. Doch wie sollte diese Rolle am Besten ausgeführt werden? Wie sollte ein Baby gewaschen werden? Welche Kleidung sollte dem Kind angezogen werden? Wie sollte eine "gute" Mutter überhaupt handeln? Was hat eine Mutter zu tun? Und hier beginnt, wie Anfangs des Kapitels beschrieben, der Vergleich. Rollen sind Bilder von Menschen, die eine bestimmte Tätigkeit ausführen. Wir – jeder einzelne von uns – können entscheiden welches VorBILD wir auswählen, um uns dann für eine Art des Handelns zu entscheiden. Rollen dienen also auch im weiteren Sinne als Vorbildfunktion.

Welche Rollen(Vorbilder) gibt es?

Grundsätzlich ist es so, dass Menschen auf natürliche Weise am einfachsten durch Imitation lernen. Dies ist auch der Grund warum wir danach streben Vorbilder zu haben. Demnach ist es so, dass alles, was gelebt und gemacht werden kann, eine Rolle ist. Jemand, der joggt, ist ein Jogger. Jemand, der tanzt, ist ein Tänzer. Jemand, der eine Million Euro hat, ist Millionär. Jemand, der mit dem LKW fährt, ist LKW-Fahrer. Jemand, der mit dem Auto fährt, ist ein Autofahrer. Jemand, der hilft, ist ein Helfer. Jemand, der Kranke im Krankenhaus pflegt, ist Krankenpfleger. Jemand, der im Supermarkt arbeitet, ist Verkäufer. Jemand, der einen Hund zu Hause hat, ist Hundebesitzer. Und als letztes Beispiel, jemand, der etwas genießt, ist ein Genießer. Schlussfolgernd kann man also sagen, dass so gut wie alles, das wir tun, einer Rolle zugeordnet werden kann. Nicht nur unser Beruf, so wie viele denken, ist das, was wir sind, sondern unser gesamtes Leben macht uns zu einem Gesamtbild. Und dieses Gesamtbild macht uns im weiteren Sinne zu einem Vorbild für andere. Die einzige Frage, die wir uns dazu stellen sollten, ist: "Welches Vorbild möchten wir für andere sein?"

∞

Rollenfrei

Genau genommen, werden wir nie ganz frei von einer Rolle sein, denn sobald wir uns entscheiden etwas anderes zu tun, sind wir schon wieder in der nächsten Rolle drin. Das ist auch gut so, denn so können wir zu einer Vorbildfunktion werden und anderen die Möglichkeit geben diese Rolle genauer zu betrachten und eventuell sogar nachzumachen.

Was wir jedoch nun tun können ist unsere aktuellen Rollen, die wir zugeordnet bekommen und uns selbst geschaffen haben, für die nächsten 5 Minuten gedanklich abzulegen. Stell dir vor du würdest jetzt deine berufliche, deine familiäre und all deine weiteren Rollen einfach kurz ablegen. Du bist für die nächsten Minuten frei von jeglichen Erwartungen und Verbindlichkeiten, die diese Rollen mit sich gebracht haben. Wer würdest du gerne sein? Was wäre das Nächste, das du gerne tun würdest? Welche Aktivitäten würden dich reizen und interessieren, um sie auszuprobieren? Auch deine Rolle des Angsthasen und was dich sonst noch hindert, darfst du jetzt fallen lassen. Was würdest du gerne tun? Welche Rolle würdest du gerne einnehmen? Nimm dir ein Blatt Papier und notiere deine Gedanken!

Und nun überlege dir, was genau dich daran hindert all diese Dinge, die du notiert hast tatsächlich zu tun. Ist es Zeit? Ist es Geld? Waren es die Erwartungen deiner alten Rollen? Was war es? Und warum, wenn es weltweit doch so viele Möglichkeiten und Rollen gibt, ergreifst du nicht eine dieser Möglichkeiten und änderst einer deiner Rollen nicht einfach? Ist es wirklich so schwierig diesen einen Schritt zu wagen? Diesen einen Schritt in Richtung dieses einen Weges, der dich wirklich glücklich macht, zu gehen? Möglicherweise bringt dieser Weg Herausforderungen mit sich, doch wie schwierig und groß sind sie, wenn du beginnen würdest ihnen einfach ins Gesicht zu sehen und sie im Tun zu überwinden? Wahrscheinlich gar nicht mehr so groß, richtig?

Überlege dir nicht nur, was dich gehindert hat, sondern wie du diese neuen Dinge in dein jetziges Leben integrieren könntest. Vielleicht geht es nicht von heute auf morgen, aber welche Veränderungen, auch Gewohnheitsveränderungen, müsstest du vornehmen, damit du all diese Dinge, die dich tief in deinem Herzen erfüllen würden, erleben könntest?

Ich möchte darauf hinweisen, dass natürlich gewisse Rollen, wie die Mutter- oder Vaterrolle, sehr ernst genommen und auf keinen Fall vernachlässigt werden sollten, jedoch schon die kleinsten, kaum bemerkbaren Veränderungen könnten deinen Weg in eine neue schönere Richtung lenken. Manchmal ist es auch so, dass man die alte (beispielsweise berufliche) Rolle nicht sofort ablegen kann. Hin und wieder muss man einfach eine zweite Rolle dazu einnehmen und so lange an ihr feilen, bis sie stark genug ist, um die erste abzulösen. Das bedeutet wahrscheinlich erhöhten Energieaufwand, aber stell dir einmal vor, du würdest ein Leben lang weiter in der ersten Rolle verweilen. Wie würde sich dein Leben anfühlen? Wie würde es dir gehen? Was würdest du tagtäglich tun? Stell dir hingegen auch vor, wie sich dein Leben anfühlen würde, wenn du diese kleine Veränderung machen würdest. Wie wäre es dann? Wie würde es sich anfühlen, wenn dein Leben dadurch in eine andere Richtung gelenkt werden würde? Wie würde es sich nach längerer Zeit anfühlen? Ist es das wert jetzt eine Entscheidung zu treffen und diesen neuen Weg tatsächlich zu gehen? Niemand außer dir kann dir diese Frage nun beantworten. Ich kann dir nur eines mit auf den Weg geben. Tue das, was du von innen heraus tun willst! Tue das, was dich wirklich glücklich macht! Du wirst dir eines Tages selbst dafür danken, weil du innerlich zuFRIEDEN bist.

Nimm die Rolle ein, die DIR innere ZuFRIEDENheit verschafft!

3. Selbstwert und Fremdwert

Ich bin etwas wert, wenn . . . ____________________

____.

Was würde hier stehen, wenn du den Satz selbst beenden würdest?

∞

...ich gute Leistung erbringe

Die häufigsten Satzvollendungen, die Menschen hier machen, haben etwas mit Leistung zu tun. Die Mehrheit vertritt das Glaubensmuster, erst wertgeschätzt werden zu dürfen, wenn sie Großartiges im Beruf geleistet oder sogar die höchste Karrierestufe in ihrer Berufssparte erreicht haben. Ansonsten sind sie eben mittelmäßig und weniger Wert als andere. Daraus resultierend haben einige auch das Gefühl erst glücklich und zufrieden sein zu dürfen, wenn sie diese eine Karrierestufe erreicht haben. Aber was hat Wertschätzung, Glücklichsein und Zufriedenheit mit Leistung zu

tun? Sollten dies nicht zwei verschiedene Aspekte sein, die ab und zu ineinander fließen?
Woher kommt diese Annahme erst nach großartig vollbrachter Leistung etwas wert und dadurch auch zufrieden sein zu dürfen? Meinen Beobachtungen nach zum Großteil aus der Schulzeit, weil unsere Leistungen und Taten dort permanent beurteilt werden und wurden. Egal, was wir tun, auf alles gibt es eine Note. Auf Geschichten, die wir schreiben, auf Informationen, die wir auswendig lernen und sogar auf Zeichnungen, die wir machen. Mittlerweile frage ich mich jedoch, wie eine Zeichnung beurteilt werden kann?! Kinder nehmen ein Blatt Papier und zeichnen voller Freude beispielsweise einen Hund, weil dies gerade die Aufgabe im Unterricht ist. Am Ende kommt eine Lehrperson und sagt ihnen wie gut oder eben schlecht dieser Hund von ihnen gezeichnet wurde. Findet die Lehrperson, dass eine der Zeichnungen nur mit einem Genügend beurteilt werden kann, ist eines der Kinder bestimmt enttäuscht über sich selbst und bildet den Glaubenssatz, nicht zeichnen zu können, obwohl es ursprünglich große Freude bei dieser Tätigkeit hatte. In der Wirtschaftswelt hingegen wird oft ein weißes Bild mit zwei drei farbigen Strichen für mehrere Tausend Euro verkauft, das möglicherweise mit weniger Begeisterung und weniger Aufwand gemacht wurde. Die Geldsumme, die dieses

Gemälde wert ist, ist im weiteren Sinne ebenso eine Beurteilung. Aber warum ist diese Beurteilung so anders als diese in der Schule? Warum muss es plötzlich weniger „perfekt“ sein als in der Schule? Woran wird der Wert in der Wirtschaftswelt gemessen? Und wonach wird in der Schule beurteilt? Macht es tatsächlich Sinn in allen Schulfächern beurteilt zu werden?

Gibt es einen Unterschied zwischen Fehlern und BeURTEILungen bzw BeWERTungen? Ich würde definitiv diese Frage mit JA beantworten. Ein Fehler ist etwas, worauf auf jeden Fall hingewiesen werden sollte. Dabei kann man den Fehler auch einfach unterstreichen und den Schüler selbst erforschen lassen, was hierbei ANDERS gemacht werden sollte. Des Weiteren kann man auch überlegen, wie gut dieser Fehler, der gemacht wurde, war. Mit gut meine ich, dass die Antwort durch Schlampigkeit vielleicht falsch war oder eine Verwechslung stattgefunden hat. Oft steckt hinter einem Fehler sehr viel Wissen, welches auch beachtet werden sollte. Schlussfolgernd kann man sagen, dass je mehr Wissen zum Gefragten vorhanden ist, desto besser der Fehler ist. Ein Fehler in der Schule ist nichts tödliches, auch wenn es manchmal von Schülern so empfunden wird. Er zeigt nur auf, wo noch Wissen und Informationen fehlen oder wo etwas anders gemacht werden muss, damit am Ende das Ergebnis stimmt. Fehler sind also sehr lehrreich und positiv. Nicht nur in der Schule, sondern auch außerhalb davon sind Fehler etwas Gutes. Treffen wir eine Lebensentscheidung, die uns nicht zum gewünschten Ergebnis führt, dann müssen wir eben die Richtung ändern und in Zukunft einfach etwas anders machen. Diese eine andere Entscheidung kann uns jedoch sehr viel gelehrt und sehr viel Erfahrung gebracht haben. Wichtig dabei zu beachten ist, dass sich durch diese Fehl-Entscheidung keinesfalls unser WERT als Mensch verringert hat. Wir haben es in diesem Moment eben noch nicht besser gewusst. Hätten wir es besser gewusst, dann hätten wir es auch anders und „fehlerfrei“ gemacht. Wäre es sofort anders und fehlerfrei gemacht worden, dann gäbe es auch nichts zu bewerten und zu beurteilen. Und da wären wir beim zweiten Teil der Frage angelangt, bei BeURTEILung und BeWERTung.

Urteilen

Durch diese Beurteilungen, die wir in der Schule permanent erhalten haben, bildete sich in uns möglicherweise das Glaubensmuster, ständig urteilen zu müssen, sowohl über andere, als auch über uns selbst. Ständig beobachten wir, was richtig oder falsch gemacht wurde. Aber gibt es im Leben tatsächlich richtige und falsche Entscheidungen?

Oder gibt es einfach nur Erlebnisse? Durch all das, was wir erleben, können wir erst erkennen, was uns guttut und Freude bereitet. Keiner weiß, wenn er mit dem Medizinstudium beginnt, ob er es tatsächlich mag die Tätigkeit als Arzt auszuüben oder ob ihm doch ein Architekturstudium besser gefiele, weil ihm die Praxis dort leichter von der Hand geht. Erst im Tun wird erkannt, was man wirklich möchte. Welche Meinungen und Werte man selbst vertritt und welche Tätigkeiten gerne ausgeübt werden. Natürlich hat alles seine Vor- und Nachteile, doch woher sollen diese erkannt werden, wenn die Praxis noch nicht erlebt wurde?!

Es gibt also kein richtig oder falsch, das beurteilt werden kann, sondern nur verschiedene Wege und Möglichkeiten. Jeder trifft für sich individuelle Entscheidungen, die dann ein Ergebnis mit sich bringen. Ist das Ergebnis unstimmig, dann sollten ANDERE WEGE UND MÖGLICHKEITEN gewählt werden. Wege und Möglichkeiten, die bestmöglich zum Wohle aller sind und vor allem dir selbst guttun.

Bewerten

Wir haben gelernt, alles und jedem einen Wert zuzuordnen, sogar uns selbst.

Angefangen in der Schule, wie schon erwähnt, werden selbst unsere Geschichten, unsere

Zeichnungen und unser Wissen immer und immer wieder bewertet. Je besser eine Lehrperson unsere Tätigkeiten und Wissensansammlungen findet, desto bessere BeWERTungen bekommen wir. Diese BeWERTungen haben oftmals auch eine Auswirkung auf unseren SelbstWERT. Je besser unsere Leistungen sind, desto größer denken wir, ist unser Wert als Mensch. Je schlechter die Bewertungen ausfallen, desto weniger, denken wir, sind wir wert. Doch woran misst sich dieser Wert? Mit wem vergleichen wir uns? Was haben kognitive Leistungen mit unserem inneren Wesen zu tun? Gar nicht so viel, oder? Schlechtere Bewertungen sind einfach Signale noch zu wenig zu einem gewissen Thema zu wissen oder das nächste Mal genauer zu arbeiten, um weniger „Fehler" zu machen. Eine schlechte Bewertung wäre daher nur ein Zeichen das nächste Mal einiges anders machen zu müssen, damit die gewünschten Ergebnisse erreicht werden. Aufgrund von Zeichen muss sich jedoch niemand schlecht fühlen oder davor Angst haben. In Schulen sieht man es leider viel zu oft, dass Schüler Angst haben zu schlecht zu sein. Zu schlecht darin zu sein beispielsweise einen individuellen Hund zu zeichnen.

Löse dich von fremden Beurteilungen und Bewertungen! Beginne zu tun, was du für den nächsten Teil deines Lebensweges für

wohltuend, zu-FRIEDEN-stellend und gut hältst!

4. Ur-Vertrauen

Sobald wir unsere Entscheidungen einer „höheren Macht“ übergeben, kann ganz frei geschehen, was für uns bestimmt ist.

∞

Zweifel

Eines der Gegenteile von Vertrauen ist Zweifel. Wie oft zweifeln Menschen, dass das wofür sie sich entschieden haben, das Falsche gewesen sei? Wie oft wird gezweifelt, dass „das andere“ vielleicht doch besser gewesen wäre? Wie oft zweifelt man, macht sich tagelang Gedanken über etwas, um dann doch drauf zukommen, dass es definitiv die richtige Entscheidung gewesen ist?

Viel zu oft würde ich ganz banal an dieser Stelle sagen.

Annehmen, was ist und was kommt

Sobald eine Entscheidung getroffen wurde, kann im

Regelfall nicht mehr viel geändert werden. Außer es wird entschieden bereits die nächste Entscheidung zu treffen, um erneut in eine andere Richtung zu gehen. Daher kann reflektierend doch gleich mit Herz und Verstand das angenommen werden, wofür man sich ursprünglich entschieden hat. Es hat einen bestimmten Grund, warum eine Entscheidung genau so ausgefallen ist, ansonsten wäre eine andere getroffen worden. Überlege dir vielleicht, was deine Motivation und Inspiration dafür gewesen ist. Was hat dich zu diesem Entschluss gebracht? Warum, wenn dies deine Motivation oder Inspiration war, möchtest du diese nun ändern?

Unser Leben ist im Grunde eine Aneinanderreihung getroffener Entscheidungen. Mit jeder Entscheidung gehen wir in eine bestimmte Richtung und weiter auf unserem individuellen Weg. Auf unserem Weg geschieht nichts ohne Grund und darum darf in vollster Ruhe und ZuFRIEDENheit einfach alles angenommen werden, was ist und kommt. So können wir Erfahrungen machen. Entweder hast du dich bewusst oder unbewusst genau für diese Erfahrung in deinem Leben entschieden. Rückblickend wird dir jede Erfahrung und jeder Entschluss einen Sinn aufzeigen. Sei es, um etwas Schönes erlebt oder um etwas gelernt zu haben. Beide Aspekte werden deine nächsten zukünftigen

Entscheidungen beeinflussen und genau darum geht es! Gezielt und bewusst Entscheidungen treffen zu lernen. Je gezielter und bewusster, desto schöner und leichter wird das Leben. Welche Rolle spielt hierbei nun das Ur-Vertrauen? Wer erkannt hat, dass das Leben einerseits schöne und andererseits lehrreiche Momente bringt, hat auch erkannt, dass es nichts zu fürchten gibt, falsch gemacht zu haben. Diese Erkenntnis lässt tiefe innere ZuFRIEDENheit und Gelassenheit heranwachsen. Sie zeigt auch, dass du dir selbst und dem Leben vertrauen kannst und dass immer genau das geschieht, was jetzt erlebt werden soll. Nicht mehr und nicht weniger. Nicht früher und nicht später. Nicht mit jemand anderem, sondern genau mit der Person, die jetzt da ist.

∞

Gott, Engel, Leben, Universum, Geistesführer ...
Es gibt unendlich viele Namen, die gewählt wurden, um genau dieses Urvertrauen zu beschreiben.
„Bitte lieber Gott, hilf mir das Richtige zu tun!“, „Bitte liebe Engel zeigt mir den richtigen Weg!“, „Bitte liebes Universum schick mir meinen Lebenspartner und lass ihn diese und jene Eigenschaften haben!“ sind Beispielsätze, um zu demonstrieren, wie Menschen um Hilfe bitten. Jeder hat hierbei einen individuellen Zugang und jeder

dieser Zugänge ist in Ordnung, so wie er ist. Denn alle haben eines gemeinsam: Die Hoffnung und das Vertrauen, welches Menschen in eine übergeordnete höhere Macht oder Kraft haben, sowie der Glaube daran, dass es eine solche Macht oder Kraft überhaupt gibt. Die einen nennen sie eben Gott, Universum oder Leben und andere Engel oder Geistführer. Wiederum andere haben weitere Namen für diese Kraft. Jedoch bleibt eines immer wieder gleich: Das Ziel. Das Ziel, etwas Bestimmtes zu erreichen oder zu erhalten durch Hilfe dieser unsichtbaren Wunder bringenden Kraft.

∞

Bewusst die Kraft des Ur-Vertrauens nutzen

Da nun fast ein jeder auf seine eigene Weise an diese unsichtbare Kraft glaubt, kann sie auch bewusst zum Einsatz kommen und genutzt werden. Sowohl für sich selbst als auch zum Wohle und zur Zufriedenheit aller hier auf Erden. Was wünschst du dir und was wünscht du Mutter Erde und ihren Bewohnern? Bitte darum in klaren Worten ohne Verneinungen und „vielleicht“! Sowohl das Universum, die Engel, deine Geistesführer als auch Gott und das Leben erfüllen DIR jeden erdenklichen positiven Wunsch. Du musst ihn nur glasklar, bewusst und mit vollster Überzeugung formulieren.

Glaube an Wunder, Liebe und Glück und die
Kraft wird sie zu Deiner und aller
ZUFRIEDENHEIT real werden lassen!

5. Intuition zulassen

„Wenn ein ´Gebet´ bedeutet, dass wir zu ´Gott´ sprechen, bedeutet Intuition, dass Gott zu uns spricht.„ - Unbekannt

∞

Diesen Spruch habe ich vor einiger Zeit auf Facebook gelesen. Er hat mir eine weitere wunderbare Erkenntnis gebracht und gezeigt wie deutlich so manche Antwort von ´Gott´- oder dem Universum, dem Leben, den Engeln, … wie auch immer du diese Kraft nennst - sein kann.

Dieses Kapitel könnte man auch als eine Art Antwort zu Kapitel 4 sehen.

∞

Zeichen, die uns den Weg weisen

Zeichen als Antwort von Gott, vom Universum, von den Engeln, von unseren Geistesführern, vom

Leben. Ja! Tagtäglich schickt uns diese Kraft Zeichen und Antworten auf all unsere Fragen, Wünsche und Sorgen. Diese Zeichen erscheinen in unterschiedlichsten Formen, wie Zahlen, Bildern oder sogar Liedern.

ZAHLEN erscheinen häufig als Uhrzeit oder Autokennzeichen. Sehr viele sehen als Bestätigung auf ihre Frage sogenannte Meisterzahlen, wie 22, 44 oder 999. Wenn du nach diesen Meisterzahlen im Internet suchst, wirst du viele erkenntnisreiche und interessante Antworten finden. Jede Zahl hat aus meiner Sicht eine positive und negative Wirkung. Natürlich, denn du bist wahrscheinlich gerade dabei eine Entscheidung zu treffen oder einen Wachstumsschritt zu machen. Ansonsten hättest du womöglich nicht nach einer Antwort gefragt. Nimm dir beide Bedeutungen der gesehenen Zahl heraus, positiv und negativ, und erkenne dadurch was du gerade lernen sollst. Womöglich zeigt die negative Bedeutung dir das. Und das, was dein Ziel deiner Entscheidung oder deines Wachstumsschrittes ist, wird dir von der positiven Bedeutung gezeigt.

BLUMEN und FARBEN. In einem spirituellen Film, den ich gemeinsam mit einer Freundin ansah, war eine junge Frau von der 'Kraft' aufgefordert bestimmten lilafarbenen Blumen zu folgen. Immer wenn sie diese sah, wusste sie, dass sie dorthin gehen sollte, wo diese Blumen waren. Manchmal fuhr auch ein Radfahrer vorbei, in dessen Korb am Hinterrad diese Blumen gelegen sind. Dann lief oder fuhr sie diesem Radfahrer nach, um zu sehen an welchen Platz oder zu welchem Menschen er sie führte. Kurz nachdem meine Freundin und ich diesen Film gesehen hatten, standen wir vor der Entscheidung in welches Restaurant wir fahren möchten. Wir konnten uns einfach nicht entscheiden – ihr wisst ja, wie das bei Frauen oft so ist. Doch dann erinnerten wir uns an den Film mit den lilafarbenen Blumen. Wir entschieden uns auch einem Zeichen auf unserem Weg zum Ziel zu folgen und entschieden uns einfach für die FARBE Gelb anstelle der lila Blumen. Plötzlich sahen wir an jeder Ecke etwas Gelbes. Sowohl in Form von Schildern, als auch in Form von Hauswänden oder sonstigen Dingen. An Kreuzungen war interessanter Weise immer nur entweder links oder rechts etwas Gelbes und nie an beiden Seiten. Am Ende sind wir im Stadtinneren bei einem großartigen Restaurant angekommen, wo wir ein gutes Glas Wein und hervorragendes Essen genießen konnten. Wir wussten, dass wir zu dieser Zeit definitiv am richtigen Ort waren.

Einige Monate später, nachdem wir immer wieder gelben Zeichen folgten, entschieden wir uns nur noch gelben Blumen zu folgen. Man muss dazu

sagen, dass nun Frühling wurde und davor noch gar keine gelben Blumen blühten. Und wieder kamen wir immer wieder an wundervollen Orten an, wo wir das Leben einfach genießen konnten.
Einige Zeit später waren wir auf Urlaub in Griechenland. Dort waren nahezu überall rosa Blumen zu sehen, die mir natürlich besonders gefielen. Wir entschieden uns dort den rosa Blumen zu folgen und kamen an der besten von allen Tavernen, bei denen wir im Urlaub waren, an. Wir wollten am Weg dorthin schon umdrehen, weil es uns so ewig vorkam, doch die letzten paar Meter haben sich definitiv ausgezahlt und wir hatten unsere Stammtaverne für diesen Urlaub gefunden.

BILDER. Auch Bilder können verschiedenste Botschaften enthalten, die auf den ersten Blick womöglich gar nicht so erkennbar sind. Lass dich einfach von deiner Kreativität und Inspiration leiten.

LIEDER. Kennst du den Moment, wenn du in einem Café sitzt und plötzlich wird ein Lied abgespielt, das dich an etwas ganz bestimmtes erinnert? Einen Geburtstag, ein Gefühl oder deinen ersten Kuss? Womöglich ist genau dieses Lied die Antwort auf deine Frage. Oft grübelt man über etwas nach und findet einfach keinen Entschluss und plötzlich erklingt dieses eine Lied, dessen Text genau die Antwort auf deine Frage ist. Es ist ein Zeichen und du bist aufgefordert, dieses Zeichen als Entscheidungshilfe anzunehmen.

ALLES, wirklich alles kann als Zeichen gesehen werden. Sogar ein einziger Ton, der als Bestätigung aus dem Nichts erklingt. Man muss nur bereit sein, sich von Gott, vom Universum, von den Engeln, vom Leben leiten zu lassen. Er/Sie/Es weiß den Weg.
Möglicherweise klingen diese Textzeilen sehr mysteriös für dich und wie „Hokuspokus“. Auch mir ging es am Anfang so, wo ich immer dachte, was diese „Esoteriker“ - es soll nicht abwertend oder böse gemeint sein! - schon wieder erzählen. Bis ich den Film mit den lilafarbenen Blumen gesehen habe. Von da an hat sich meine Sichtweise auf dieses Thema völlig verändert. Der Film heißt übrigens „Zwischen Himmel und Hier“ und ist von Cecelia Ahern.

Ich gebe dir den Tipp es einfach einmal praktisch zu machen. Such dir eine Farbe aus und folge ihr! Sie bringt dich mit großer Wahrscheinlich genau an den Ort, wo du hin sollst. Bitte vorher um etwas, das du dort vorfinden möchtest. Gutes Essen, ein schönes Plätzchen Natur oder oder oder.

Tagträume, Visionen und Geistesblitze

Auch Tagträume, Visionen und plötzliche Gedanken aus dem Nichts können wunderbare Wegweiser sein, wenn sie als solches angenommen werden. Trau dich einfach es einmal zu versuchen! Sogar die skurrilsten und unrealistischsten Gedanken können wegweisende Botschaften enthalten, wenn man ihnen genügend Raum und Zeit zur Hinterfragung und Entfaltung gibt.

Durch Annahme „göttlicher“ Zeichen zu innerem Frieden gelangen

Je öfter man diese Zeichen von Gott, vom Universum, von den Engeln, von den Geistesführern, vom Leben erkennt und annimmt, desto beschützter kann man sich fühlen. Mir geht es immer mehr so. Auf fast jeder meiner Fragen bekomme ich mittlerweile eine Antwort und ich denke, dass ich sagen kann, dass ich dadurch immer öfter für mich gute Entscheidungen getroffen habe, welche mich innerlich zuFRIEDEN fühlen lassen.

Neues annehmen, für Neues offen sein

Möglicherweise musst du eine Entscheidung treffen und die Zeichen sind so eindeutig, dass du diesen Weg gehen sollst, doch du zweifelst, weil es etwas Neues ist und denkst, dass die Zeichen einfach nicht stimmen können. Ja, genau dann folge den Zeichen und gehe den Weg, um zu wachsen! Sei bereit dich für Neues zu öffnen und Neues anzunehmen! Lass das Leben dir das „wie" des Weges und der Umsetzung zeigen und gehe einfach den Schritt in Richtung Neubeginn, in Richtung Veränderung. Wer weiß, was dort auf dich wartet.

Trust the universe!
(Vertraue dem Universum!)

6. Jetzt ankommen

Komme JETZT im Hier und Jetzt an und nicht erst, wenn du bestimmte Ziele erreicht oder abgeschlossen hast.

∞

Jetzt ankommen heißt auch im Sein anzukommen. Zu Sein klingt irgendwie einfach, oder? Doch was bedeutet es wirklich?
Ich habe für mich mehrere Varianten gefunden, um dies beschreiben zu können. - Beschreiben kann man viel, am Ende kommt es jedoch immer darauf an es zu spüren und zu erleben! Sorge daher dafür, dass du das Gelesene schlussendlich realisieren und in dein Leben integrieren kannst!

Die erste Variante ist ein wunderbarer Spruch, der mich schon seit einiger Zeit begleitet:

„Du musst nicht perfekt sein. Nur echt!" - Yes!
Leider sind wir durch unterschiedlichste Einflüsse wie Magazine, Fernsehen, Radio, Schulkollegen, Arbeitskollegen, Eltern oder weiteren Rollenbildern

dazu veranlagt Perfektionismus anzustreben. Die Menschheit möchte perfekte Berufe ausüben, perfekte Noten in der Schule schreiben und perfekte Körper haben. Viele befinden sich in Stresssituationen, um bei diesem Perfektionismus mithalten zu können. Dies ist in weiterer Folge manchmal sogar schädlich für Körper und Geist. Krankheiten oder Depressionen könnten sich als Folge zeigen. Und all das nur um perfekt zu sein. Das ist Zeitverschwendung und zwar Zeit, die hier und jetzt genossen werden könnte in Akzeptanz von dem, was gerade ist. Es könnten stattdessen Momente erlebt werden, die zwar nicht als gesellschaftlich perfekt, jedoch von innen heraus als gut, wahr und ehrlich empfunden werden.

Stell dir selbst einmal folgende Frage. Wer wäre ich, wenn ich nicht perfekt sondern echt wäre? - Mach dir Notizen dazu! Nimm ein Blatt Papier und schreibe alles auf, was dir zu den Worten „ich + echt" einfällt. Stelle dir dazu noch weitere Fragen. Welche Charaktereigenschaften hätte ich, wenn ich echt wäre? Welche Werte würde ich vertreten? Welche Tätigkeiten würde ich ausführen? Welche Hobbies würde ich leben? Welche Rolle würde ich bewusst einnehmen wollen? Was würde ich JETZT GERADE tun?
Du musst nicht perfekt sein! Du musst nur dein wahres Inneres aus vollstem Herzen leben!

Was brauchst du, um dich jetzt gut zu fühlen?
Um im Sein ankommen zu können, braucht es

immer einen gewissen Grad eines guten Gefühles in uns. - einen Zustand, in dem wir uns WOHL fühlen. Sorgen, Zweifel und Ängste bringen uns immer ein Stück weg vom Sein und zurück in den Verstand. Und der Verstand ist meist in der Vergangenheit oder in der Zukunft. Nur im Hier und Jetzt kann mit all unseren Sinnen die Welt erlebt werden. Also... was brauchst du JETZT, dass du mit all deinen Sinnen ins Hier und Jetzt eintauchen kannst und dass du dich gut fühlst? - Erschaffe dir diesen Moment!

Be You – fünf Lebensbereiche

Eine weitere Variante, um im Sein anzukommen, ist bewusst die wichtigsten Lebensbereiche so zu formen, wie man sie gerne hätte. Nur so kann wieder ein Wohlgefühl entstehen, welches uns im Sein ankommen lässt. In einem Seinszustand, welcher frei von jeglichen Gedanken jedoch voller spürbarer Momente ist. Denn, wie schon ähnlich erwähnt, wer echt ist, kann gar nicht mehr im Verstand sein, sondern nur mehr von innen heraus leben und erleben! - Im weiteren Sinne sogar das Umfeld beleben.

Lebensbereich Nummer eins: BEZIEHUNGEN.

Stell dir die Frage ob deine Beziehungen dich glücklich fühlen lassen. Sind sie aus dem Herzen heraus ECHT? Traue dich bewusst „Nein" zu sagen. Und traue dich auch bewusst „Ja" zu guten Beziehungen zu sagen. Gib dir auch selbst die Erlaubnis Veränderungen zu vollziehen und schlechte Beziehungen zu beenden, um dadurch mehr Zeit für Gute investieren zu können! Sei es dir selbst wert diese Schritte zu gehen!

Lebensbereich Nummer zwei: BERUF(UNG).
Spiegelt das, was du gerade beruflich machst deine inneren Überzeugungen? Was tust du gerne? Wobei fragen Menschen dich um Hilfe? Wobei bekommst du gutes Feedback? Welche Tätigkeit lässt dich glücklich fühlen?
Kannst du die Antworten, die du dir gerade selbst gegeben hast, mit deinem Beruf verbinden? Trau dich auch in diesem Lebensbereich Veränderungen geschehen zu lassen! Du bist weder zu jung noch zu alt, um dies zu tun. Das beste Alter ist immer jetzt, um in einem Wohlfühlzustand anzukommen! Lass auch jegliche andere Zweifel und Sorgen fallen und blicke in Richtung Veränderung. Stelle dir die Frage: „Welche Schritte sind jetzt nötig, um gute Veränderung geschehen lassen zu können?“. Möglicherweise musst du eine Zeit lang zwei Wege gleichzeitig gehen, um in deinem persönlichen Wohlfühlzustand anzukommen. Das ist in Ordnung und darf genau so geschehen. Jedoch sei immer im Fokus, schlussendlich das zu tun, was dich gut fühlen lässt. Möglicherweise erreichst du diesen Zustand schneller, als du jetzt noch glaubst!

Lebensbereich Nummer drei: GESUNDHEIT.
Beantworte dir wieder folgende Fragen. Was brauchst du, um dich gesund zu fühlen? Ich bin der Ansicht, dass körperlicher Schmerz oft seelisch bedingt ist. Was fügt dir also wirklich Schmerzen zu?

Welche Situationen und Menschen um dich herum könntest du verändern, damit es dir schlussendlich gut geht? Gehe wieder diese ersten Schritte und verändere deine Welt!
Eine weitere Frage beantworte dir: „Was tut dir gut?“ - und dann tue dies so oft du kannst!

Lebensbereich Nummer vier: LEBENSSTIL.
Womit nährst du dein Leben, deinen Körper und deine Seele? Lebst du nach deinen inneren Überzeugungen und deiner inneren Wahrheit? – Bist du echt? Nimmst du dir ausreichend Zeit für Hobbies, gutes Essen und ausreichend Schlaf?
Ernähre dich bewusst in jeglicher Weise. Sowohl Nahrung, als auch Wissen und Menschen wirken sich in deinem Körper aus. Je bewusster und besser du dich ernährst, desto mehr Lebensqualität wirst du erreichen.

Lebensbereich Nummer fünf: EMOTIONEN.
Das, was wir am meisten ausstrahlen, ziehen wir in unser Leben hinein. Einer der stärksten Ausstrahlungen sind unsere Emotionen. Beginne bewusst deine Emotionen zu leben und zu zeigen. Achte auch darauf, welche Emotionen regelmäßig gelebt werden. Je mehr gute Gefühle, wie Dankbarkeit und Liebe, ausgesendet werden, desto mehr Gutes kann ins Leben zurück fließen! Habe daher jeden Tag und jede Minute als Priorität dich GUT zu FÜHLEN! Es ist erstaunlich, wie sich durch diese Priorität das Leben zum positiven wendet!

Tue jetzt, was du jetzt erleben möchtest!
Wie am Anfang schon geschrieben, komme JETZT im Hier und Jetzt an und nicht erst, wenn du bestimmte Ziele erreicht oder abgeschlossen hast. Demnach tue auch jetzt, was du jetzt erleben möchtest! Wenn du weißt, was du jetzt erleben willst, dann tue es auch jetzt! Setze jetzt um, was du im Sinn hast! Schaff dir jetzt gute Gefühle! Und erlaube es dir jetzt glücklich zu sein!

Zum Ende dieses Kapitels ...
Zum Ende dieses Kapitels möchte ich uns allen die Erlaubnis geben - egal was in der Vergangenheit und bis jetzt erlebt wurde - echt zu sein! So kann jeder im bewussten Sein ankommen und so kann innerer Frieden erlangt und Glückseligkeit gespürt werden!

Das Leben ist schön. - Auch für dich!
Triff einfach die Entscheidung dich ab jetzt und von hier aus, wo du gerade bist, gut und zuFRIEDEN fühlen zu wollen! Es ist dein Geburtsrecht.

7. Akzeptanz

Wer die Welt um sich und sich selbst so akzeptiert, wie sie und er selbst ist, hat bereits ein großes Stück inneren Frieden erlangt!

∞

Um vollständige Akzeptanz spüren zu können, müssen alle negativen Emotionen, die auf eine bestimmte Situation projiziert werden, aus dem Körper hinaus fließen und vollste Annahme entstehen, dass alles genau so sein darf, wie es gerade ist.

Negative Emotionen aus dem Körper ausleiten

Emotionen dürfen und sollen gelebt werden, genau so wie sie im Körper und im Bewusstsein vorhanden sind. Ausgelebt sollen sie natürlich auf eine Art und Weise werden, wo nichts und niemand zu Schaden kommt. Wenn also eine Situation beispielsweise Aggression, Traurigkeit oder Angst im Körper hervorruft, gilt es diese Emotionen zu transformieren. Der erste Schritt dazu ist, sie vollständig zu spüren und anschließend so anzunehmen, wie sie sind. Im nächsten Schritt konzentriere dich darauf welche NEUTRALE Energie diese Emotion beinhaltet. Wenn diese Emotion nur reine Energie wäre, wie groß und intensiv wäre diese? Was könnte diese Energie alles bewegen? Wozu wäre sie fähig? Wo im Körper befindet sie sich? Spüre einfach nur diese reine Energie. Und je neutraler du sie wahrnehmen kannst, desto mehr transformiert sie sich von ganz alleine. Weiters lass all das Negative einfach durch deine Füße und Hände hinausfließen! Lass es einfach in den Boden hineinfließen oder in einen Baum oder in eine Handtasche als Symbol! Schick das Negative bis in den Erdmittelpunkt, wo es einfach verbrannt werden darf von der Hitze der Erde! Konzentriere dich auch auf deinen Atem! Lass bei jedem Mal Ausatmen alles Negative, was in deinem Hals, Brustbereich und Magen ist, einfach hinaus! Atme ganz tief ein, halte kurz an und lass dann den Druck hinaus! - Wenn der Druck zu groß ist, dann schreie ihn hinaus! Du darfst auch schreien, solange nichts und niemand dabei zu Schaden kommt. Trau dich alles Negative einfach loszulassen und hinausfließen zu lassen! Erlebe am Ende ein Gefühl von Leichtigkeit und Befreiung! Genieße dieses Gefühl!

Wirf anschließend mit diesem freien Gefühl erneut einen Blick auf die Situation.

∞

Du hast immer die Wahl: Veränderung oder Akzeptanz

Wenn du dich in einer Situation befindest, die dir nicht gefällt oder die dir nicht gut tut, hast du immer diese zwei Möglichkeiten. Entweder du veränderst die Situation, wie im vorigen Kapitel zum Teil beschrieben oder du lernst die Situation mit all ihren Aspekten so anzunehmen, wie sie ist. Ich gebe dir als Tipp mit, deinen persönlichen Wohlfühlzustand immer im Fokus zu halten. Entscheide dich für das, was dich schlussendlich gut und zufrieden fühlen lässt! - Nur das zählt für dein Leben.

Oft ist es so, wenn begonnen wird eine Situation so anzunehmen, wie sie ist, dass plötzlich ein Gefühl einer Art Liebe zu dieser Situation entsteht. Oft stehen nur diese negativen Emotionen oder ein, zwei Gedanken im Weg, um die Situation lieben lernen zu können. Sei dir immer bewusst, dass nichts ohne Grund geschieht. Alles hat einen Sinn. Auch diese Situation hat ihren Sinn und du hast die Ehre sie zu erleben. Wenn also die negativen Emotionen und Gedanken erst einmal verschwunden sind, kann dieser Blickwinkel aktiviert und all die Wunder und Schätze dahinter erkannt werden. Schau hin und erfreue dich über diesen neuen Anblick! Du kannst auch in die Vogelperspektive switchen und dir von dort aus das ganze einmal ansehen. Beantworte folgende Fragen. Würdest du nicht Teil dieser Situation sein, wie würde sich dein Blickwinkel verändern? Was würdest du den Beteiligten raten zu tun? Was könnte verändert werden? Was müssen die Menschen tun, um diese Situation mit vollster Akzeptanz annehmen zu können, so wie sie ist?

Was würdest du also nun in deiner Situation tun? Welche Schritte sind nötig um zum Wohle aller zu handeln?

Selbstakzeptanz

Wir sind in eine Leistungsgesellschaft voller Perfektionismus hineingeboren, aber nun ist die Zeit gekommen, dass wir Menschen uns wieder selbst so annehmen dürfen, wie wir sind. - mit all unseren Ecken und Kanten, Charaktereigenschaften, Lebensstilen, Verhaltensweisen, Kleidungsstilen, mit ein paar Kilos mehr auf den Hüften, unperfekten Körpern und Talenten und und und. Es ist wieder Zeit, um das Leben einfach zu genießen und Freude daran zu empfinden, in völliger Unperfektion und in vollkommener Echtheit! Es ist Zeit endlich wieder zuFRIEDEN mit uns selbst zu sein, genau so wie wir sind.

Es besteht immer die Möglichkeit neue Entscheidungen für das Leben zu treffen und Veränderungen geschehen zu lassen, jedoch davor sollte die aktuelle Lebenssituation inklusive dir selbst als Mensch in vollster Akzeptanz, so wie sie jetzt gerade ist, angenommen werden. Es hat einen Grund, dass ihr - du und dein Leben - genau so seid, wie ihr eben jetzt und hier seid. Es wurden Entscheidungen getroffen und Erfahrungen gemacht, die genau diesen Zustand jetzt erschaffen haben. Das ist in Ordnung und gut, so wie es ist. Nimm all das Gute an, das daraus entstanden ist! All die Stärke, all den Mut, all das Vertrauen, all die Kraft. Das Leben hat dich zu dem gemacht, was du jetzt bist und du bist großartig, genau so wie du jetzt und hier bist! Du hast alles um das Hier und Jetzt erleben und – neu – formen zu können. Alles dafür ist in dir und du hast unendlich viele Möglichkeiten wonach du jetzt handeln kannst! Was du jetzt tust, liegt an dir. Behalte dabei immer deinen persönlichen Wohlfühlzustand im Fokus! Achte darauf, dass es dir gut geht! Stell dir immer wieder die Frage: „Was brauche ich, dass es mir jetzt gut geht?“ - und dann: Tu es!

Niemand ist perfekt.
Weder ich, noch du, noch sonst jemand! Perfektion ist eine Illusion von vorgegebenen und meist nicht vorhandenen Idealen. Jeder Mensch hat Entscheidungen zu treffen und sowohl Erfahrungen als auch Herausforderungen zu erleben. Demnach können wir uns selbst und auch andere genau so annehmen, wie wir und sie sind. Oft fehlt auch einfach das Wissen darüber, was oder welche Erlebnisse hinter bestimmten Verhaltensmustern stecken. Das Leben hat Menschen zu dem geformt, was sie jetzt, heute und hier sind. Diese Annahme und Akzeptanz aller Menschen führt zu einem ganz tiefen Gefühl von innerem Frieden. Nichts und niemand muss mehr bewertet werden und alles darf in Akzeptanz angenommen werden, so wie es ist. - auch wenn es anfänglich etwas schwerer ist, genau so zu empfinden. Von Mal zu Mal wird es immer leichter und leichter und leichter. Und irgendwann ist diese Denkweise innerlich gespeichert und man erkennt, dass alles im Leben einfach nur mehr IST.

Sei einfach und beobachte, was um dich herum geschieht! Liebe es, so wie es ist.

8. Genieße den Moment

Du kannst jede Sekunde deines Lebens nur ein einziges Mal leben. Du wirst keinen Moment ein zweites Mal genau so, wie du ihn erlebt hast, erleben. Diese Erkenntnis bringt uns in eine ganz neue Dimension des Empfindens und Erlebens.

∞

Wenn also nun Akzeptanz in dein Leben integriert wurde, konzentriere dich auf die schönen Dinge des Seins. Auf das Genießen und voll Ausschöpfen jeder Sekunde deines Lebens.

Kinder leben uns das großartig vor. Sie spielen und lachen einfach den ganzen Tag ohne je daran zu denken, was vor fünf Tagen gewesen sein oder was in den nächsten drei Tagen passieren könnte. - in den meisten Fällen jedenfalls. Sie leben jede Sekunde einfach so, wie sie gerade Lust haben sie zu erleben.

Und das mit voller Hingebung, Leidenschaft und Glückseligkeit. Mit voller innerer ZuFRIEDENheit.

Auch im Erwachsenenalter dürfen wir uns diesen Zustand dieser vollkommenen inneren ZuFRIEDENheit erlauben und ins Leben integrieren. Wir dürfen weiterhin Kind sein und das Leben mit all unseren Sinnen spüren und mit voller Neugier und Begeisterung genießen.

Immer wieder sehe ich Menschen, die aus vollster Überzeugung und mit höchstem Druck erwachsen tun wollen. Es sind meist die, die gar nicht so viel Reife in sich haben und es sind oft die Menschen, die unfähig sind mit vollster Leidenschaft ins Leben einzutauchen und es wie ein Kind zu genießen. Erlaube es dir einfach wieder Kind sein zu dürfen! Erlaube dir in der Hüpfburg zu springen und auf der Schaukel zu schaukeln, wenn dir danach ist. Male ein Bild, wenn du eines malen willst. Lache so laut, wie du willst, wenn dir nach lachen ist. Lass dein Herz hüpfen, wenn es dir den Impuls gibt, dass es nun ganz hoch hüpfen will! Es ist ein so wunderschönes Gefühl vom Herzen heraus glücklich zu sein. Es ist wieder an der Zeit dieses wunderschöne Gefühl in jede Lebenssekunde zu integrieren. So stark, so intensiv und so oft es geht!

Es ist Zeit wieder das innere Kind nach außen zu bringen!

Was kannst du als nächstes tun, um dein Herz höher schlagen zu lassen?

Das Leben ist in Wahrheit so unglaublich einfach, wenn man die richtigen Fragen stellt. Und es ist ebenso unglaublich einfach glücklich zu sein, wenn man in die richtige Richtung bestimmte Fragen stellt und Taten setzt. Stelle dir daher und auch deinem Umfeld immer wieder Fragen, die dich in eine glückliche Welt eintauchen lassen. „Was kannst du als nächstes tun, um dein Herz höher schlagen zu lassen?“. - Tu dies! Und genieße es!

Im Grunde geht es immer wieder darum so schnell wie möglich alles Negative loszulassen. Lass es einfach in den Boden sickern oder atme diese negativen Gefühle einfach hinaus. Und im nächsten Moment fokussiere dich auf das Positive und Gute. Was brauchst du, damit es dir jetzt gut geht? Was hilft dir jetzt zu einem Wohlfühlzustand zu gelangen? Was kannst du als nächstes tun, um dein Herz höher schlagen zu lassen? - Tu es! Und wenn du Zweifel, Sorgen oder Ängste hast… Tu es trotzdem! Und genieße es!

Das Leben ist kurz und es ist ein wundervolles Geschenk. Ein Geschenk, das du an dem Ort, wo du gerade bist, mit den Menschen, die um dich herum sind und mit dem Körper, den du hast, erleben darfst. Genau so, wie es jetzt ist, wird es nie mehr sein. Du hast nur in diesem Leben diesen Körper. Du bist aus einem bestimmten Grund genau an diesem Ort. Und es hat einen Sinn, dass genau die Menschen, die um dich herum sind, da sind. Nimm dieses Geschenk an und fokussiere dich auf das Allerbeste, das du damit machen kannst. Es ist dein persönliches Geschenk. Es gehört nur dir. So wie ein Geschenk, dass mit deinem Namen etikettiert unter dem Weihnachtsbaum liegt. Heute ist der Tag, wo du dieses wunderbare Geschenk mit vollem Bewusstsein und mit voller Begeisterung entgegennehmen, betrachten und erleben darfst. Was Schönes und Abenteuerreiches möchtest du nun damit tun?

∞

Energie folgt der Aufmerksamkeit

Das, was wir am öftesten und intensivsten in unseren Gedanken haben, wird irgendwann real in unser Leben kommen. Energie folgt der Aufmerksamkeit. Überlege dir daher gut, was du mit diesem Geschenk alles erleben möchtest und richte danach deine Gedanken und natürlich auch deine Taten aus. Welchen Schritt möchtest du jetzt tun, um dein Geschenk mit ausschließlich guten Gefühlen genießen zu können? Je mehr Momente du dir erschaffst, wo du einfach nur genießt und voller Freude und Glückseligkeit gefüllt bist, desto mehr solcher Momente kommen ganz automatisch in dein Leben.

∞

Wenn jede einzelne Sekunde nur ein einziges Mal erlebt werden kann…

… dann ist die Erwartung, bestimmte Situationen aus der Vergangenheit noch einmal erleben zu können völlig überflüssig. Natürlich kannst du ähnliche Erlebnisse in dein Leben ziehen, jedoch nicht eins zu eins die Selben. Jeder Spaziergang ist einzigartig sowie jede Reise, jede Autofahrt, jede Umarmung sowie jeder Kuss. Der Schlüssel ist also, alle Erwartungen, die der Vergangenheit ähneln, fallen zu lassen und jeden Moment einfach bedingungslos und mit voller Leidenschaft und Hingabe zu genießen. Hab einfach Spaß und Freude am Leben!

Das Leben ist wunderbar.
Genieße es!

9. Fülle auf allen Ebenen schafft innere ZuFRIEDENheit

Wie viel Mangel brauchst du noch, um zu erkennen, dass es das Natürlichste auf der Erde ist, Fülle auf allen Ebenen ins Leben zu integrieren?

∞

Die Natur zeigt uns mit all ihren Farben und Formen, wie wunderbar Fülle ist.

Wie viel Mangel brauchst du noch? Eine Frage, die auch meine Welt auf den Kopf gestellt hat. Doch es ist eine berechtigte Frage, die uns sogar die Natur stellen könnte, denn die Natur ist unser schönster Repräsentant von Fülle und Reichtum auf allen Ebenen – und das ganz und gar ohne Geld. Die Erde ist voll von Wäldern. Wälder sind voll von Bäumen. Und Bäume können voll von Früchten sein. Und je mehr davon vorhanden sind, desto gesünder ist dieser Baum. Erst, wenn er zu wenige Früchte trägt, sagt man, dass er krank sei. In der Tierwelt existiert ebenfalls eine unbeschreibliche

Fülle. Und auch hier ist es so, dass durch Krankheit Mangel entsteht und dann Tierarten vom Aussterben bedroht sein können oder sogar aussterben. Schlussfolgernd kann man daher sagen, dass Mangel so etwas wie eine Krankheit ist. Es fehlt etwas, das der Organismus braucht, um gesund zu sein.

Wenn du also Mangel in deinem Leben spürst, blick tiefer in dein Leben. Stell´ dir die Fragen: „Was fehlt mir wirklich? Was fehlt, dass ich mich vollkommen fühle? Was brauche ich, damit es mir gut geht?“. Monetärer Mangel ist ebenso nur ein Spiegel, dass auf emotionaler Ebene etwas fehlt - Liebe oder Urvertrauen zum Beispiel.

Schau dir die Natur einmal genauer an. Sie ist voller Urvertrauen, dass immer genug Wasser zu ihr fließt, damit sie sich auf beste Weise entfalten kann. Ein Baum beispielsweise hat nicht einmal die Möglichkeit sich von selbst zu bewegen, so wie wir Menschen es können. Das Wasser, das er zum Leben benötigt, fließt trotzdem einfach zu ihm und er nimmt es aus dem Boden über seine eigenen Wurzeln in sich auf. Und alles, was ein Baum produziert, schenkt er bedingungslos einfach weiter. Über gestreute Samen vermehrt er sich dann auch noch. Der Kreislauf der Natur ist ziemlich einfach, funktioniert seit abertausenden von Jahren und besteht aus einer Fülle, die unzählbar ist. Die Natur ist, was Fülle angeht, nahezu grenzenlos. Auch wir Menschen können so sein, wenn wir beginnen unsere selbstgeschaffenen inneren Grenzen zu sprengen. Menschen sind im Grunde genauso Teil der Natur, wie ein Baum oder ein Tier es ist. Leider vergisst die Menschheit in ihrem Konsum- und Wirtschaftsdenken das manchmal.

∞

Urvertrauen

Urvertrauen ist einer der wesentlichen emotionalen Aspekte, um Fülle im Leben integrieren zu können. Ohne vollste Hingabe und vollstes Vertrauen zum Leben werden unsere selbstgeschaffenen Grenzen und Holzbalken uns immer wieder am Weitergehen blockieren. Das kann man sich wie einen Zaun mit einem Holztor am Wanderweg vorstellen. Das Tor muss geöffnet werden, damit man weitergehen kann. Ist das Tor jedoch einmal vollständig geöffnet, ist der Weg Richtung Fülle – Obstbäume beispielsweise – frei und die gute Nahrung, die uns am Leben hält, anfassbar und konsumierbar.

Stell dir selbst die Frage, wo der Zugang für dich zur natürlichen Fülle das erste Mal geschlossen oder blockiert wurde. Lass die negativen Emotionen, die du durch dieses Erlebnis aus der Vergangenheit gespeichert hast, endlich los! Stell dir vor wie diese negativen Emotionen wie eine schwarze Flüssigkeit einfach in den Boden hinein sickern und dort von der Erde in etwas Positives transformiert werden. Die Leere, die nun entstanden ist, fülle mit positiven Emotionen auf, wie Sicherheit, Schutz,

Geborgenheit, Zuversicht, Selbstsicherheit, Selbstvertrauen, Wohlstand – sich wohl fühlen und wohl dastehen – Wärme, Liebe und mit einem "es-ist-genug-für-alle-da"-Gefühl!

Herzensliebe

Mangel ist ebenso ein Zeichen, dass man sich für etwas zu wenig öffnet. Die Tür zum Herzen ist zugeschlossen, um die volle Ladung, die gerne EMPFANGEN werden würde, hineinlassen zu können. Stell dir auch hierbei die folgende Frage, falls du momentan Mangel empfindest: „Wovor habe ich Angst, Sorge oder Zweifel, wodurch sich das, was ich mir wünsche, in mein Leben noch nicht integrieren kann?". Mache die selbe Übung wie vorhin. Lass all die negativen Emotionen, wie Ängste, Sorgen und Zweifel, in Form einer schwarzen Flüssigkeit aus deinem Körper mental hinaus fließen und in die Erde sickern. Die Erde transformiert diese Flüssigkeit in etwas Positives. Füll die entstandenen Leerräume mit positiven Gefühlen und Frequenzen, wie Herzensöffnung, Liebe, Dankbarkeit, Herzenswärme, Selbstvertrauen, Vertrauen, Annehmen können, Liebevolles annehmen können – auch von Familienmitgliedern, Freunden und nahestehenden Menschen – und was dir sonst noch Positives einfällt, auf! Wiederhole diese Übung so oft du sie brauchst und schreibe dir die positiven Gefühle auf Zettel und hänge diese verteilt in deinem Zuhause auf, um dich immer wieder daran zu erinnern. Denn je öfter du etwas in deinem Bewusstsein hervorrufst, desto schneller kann es sich langfristig in deinem Leben verwirklichen und integrieren.

Blick tiefer!

Viele Menschen assoziieren, wenn sie das Wort Mangel hören, sofort Geldmangel. Doch Geld ist nichts als Papier und verdichtete Energie und daher ist es auch nur ein Spiegel aus dem Außen zu unserem inneren Bewusstsein und Unterbewusstsein. Mangel im Außen zeigt Mangel im Inneren. Mangel beispielsweise an Urvertrauen, Liebe oder die Fähigkeit sich öffnen oder annehmen zu können. Integriere das, was dir fehlt, im Inneren und genieße die Fülle, die du nun fähig bist aus dem Außen zu empfangen! Lebe deinen Fluss, deinen Kreislauf des Lebens wie die Natur es macht! Es ist genug für alle da – auf allen Ebenen. Du musst dich nur dafür öffnen und entschlossen sein die Fülle anzunehmen.

Befülle alle Lebensbereiche mit positiven und guten Gefühlen und genieße ein erfülltes Leben! Genieße ein Leben mit innerer Ruhe, Lebensfreude und ZuFRIEDENheit!

10. Großzügigkeit

Nur wer großzügig ist, den beschenkt das Leben mit großzügigen Geschenken.

∞

Um den Fluss ins Fließen zu bringen, musst du derjenige sein, der die Bewegung in Gang setzt. Die Natur ist wieder ein guter Repräsentant, um zu zeigen, wie reale Großzügigkeit und realer Fluss beziehungsweise Kreislauf aussieht. Mit den Früchten, die die Natur produziert, entstehen gleichzeitig Samen. Diese Samen werden im Umfeld verstreut und so entstehen neue Pflanzen oder Tiere. Mit diesem Vorbild und Bewusstsein kann auch im Alltäglichen bewusst jegliche Art von Samen gesät werden.

Was soll ins Leben vermehrt integriert werden? Säe, was du ernten willst! Soll mehr Dankbarkeit integriert werden, sei selbst noch öfter und bewusster dankbar! Soll mehr Liebe integriert werden, gib und zeige selbst von Herzen heraus mehr Liebe! Handle bei jeder Tätigkeit liebevoller und mit mehr bedingungsloser Hingabe! Soll mehr Lebensfreude, Leichtigkeit, Wertschätzung oder Fülle integriert werden, dann handle selbst genauso, wie du es vom Leben gerne gespiegelt haben möchtest. Das Leben ist wie ein Echo. So wie in den Wald gerufen wird, so kommt es zurück - manchmal sogar noch lauter! Und so wie in den Spiegel geblickt wird, so blickt er zurück. Wenn du lächelst, lächelt der Spiegel auch, aber du musst zuerst lächeln. Genau so ist es in allen Bereichen im Leben. Je mehr Gutes du ins Außen projizierst, desto mehr Gutes kann zurück-projiziert und im Inneren gefühlt werden. Den Vorgang und was passiert, bestimmst jedoch immer du selbst mit deinen bewusst oder unbewusst gewählten Entscheidungen und Taten.

Was möchtest du erhalten, damit du dich innerlich ZuFRIEDEN fühlen kannst? - Beginne dies zu tun!

Beginne BEDINGUNGSLOS zu geben, zu helfen und zu dienen! Beginne ohne jegliche momentane Gegenerwartungen, das zu geben, was du im Leben selbst empfangen möchtest. Das Prinzip der Resonanz ist ziemlich einfach. Das, was du gibst, bekommst du. Was du ausstrahlst, ziehst du an. Es ist ein Gesetz, das sich immer wieder bewahrheitet. Liebe und Dankbarkeit sind die höchsten Frequenzen, die mit in die Bewegung gesendet werden können. Beginne bewusst das Gesetz der Resonanz und die höchsten Frequenzen zu nutzen!

Beginne von Herzen aus das ganze Jahr Weihnachtsgeschenke zu verteilen und empfange mit ganzem Herzen die Ernte deiner gesäten Samen!

11. Annehmen können

Darf es ein bisschen mehr sein? - Ja gerne!

∞

Annehmen beginnt mit einem klaren „Ja“ zu mir.

Geben oder nachgeben ist oft einfacher als anzunehmen und bewusst „Ja“ zu sich selbst zu sagen. Warum ist das so?

Ich habe für mich beobachten können, dass wir in einer Welt leben, wo vorwiegend gegeben wird. Angefangen in der Schule, über den Konsum, bis zum Arbeitsplatz. Schon in der Schulzeit werden Aufgaben gefordert und diese sind bis zu einem bestimmten Zeitpunkt abzuGEBEN. Ohne je etwas dafür als Anerkennung zu bekommen – außer gute Schulnoten -, wird gegeben, was gefordert wird. In der Konsumwelt wird ebenso mehr gegeben als bekommen wird. Der Preis, der gezahlt wird, geht oft zum Großteil an Menschen, die gar nicht so viel

Leistung erbracht haben. Die Produzenten bekommen oft nur einen Bruchteil und geben unendlich viel Lebenszeit und Lebensenergie. Und der Konsument gibt dadurch im Endeffekt auch oft mehr als notwendig wäre. - wobei hier die Meinungen auseinander gehen. Manchmal steht die Frage im Raum, warum so viel bezahlt werden muss, wenn das Geld woanders hingeht, als man dies möchte. Und dann gibt es Situationen, wo von Herzen aus gerne mehr gegeben werden würde. - Somit sind wir beim Arbeitsplatz angekommen. Menschen sind es gewohnt viel Energie, Leistung und Zeit zu geben und am Monatsende im Vergleich ziemlich wenig als Energieausgleich zu bekommen. - auch hier ist es wieder diskutabel, was viel oder wenig ist. Ich persönlich meine, dass der Großteil zu wenig bekommt, im Vergleich zu dem, was an Zeit und Energie gegeben wurde. Es ist in dieser Welt schlussfolgernd also so, dass mehr-geben-als-anzunehmen eine Gewohnheit ist. Schon in der Schule darf nicht frei und selbst-denkend gehandelt werden, sondern Forderungen sind zum Großteil zu erfüllen. Demnach ist das selbe Verhalten im Erwachsenenalter auch völlig natürlich entstanden. Nun hast du aber die Möglichkeit eine Entscheidung zu treffen. Möchtest du diese Gewohnheit verändern? Möchtest du beginnen „ja“ zu dir selbst zu sagen? Möchtest du beginnen schöpferisch zu empfangen und somit mehr weibliche Energie in dein Leben integrieren?

Empfangen und die weibliche Energie aktivieren.

Die Welt erstickt in männlicher Yang Energie und braucht dringend mehr weibliche Yin Energie. Das Yin-Yang Symbol zeigt uns den Ausgleich von Geben und Empfangen. Es zeigt auch, dass es beides geben muss, Licht und Dunkelheit. Sowie Tag und Nacht. Das Symbol zeigt weiters, dass männliche und weibliche Energie ausgeglichen vorhanden sein soll. Yang steht für die Helligkeit, das Klare, das aktive Tun, das Geben, den Tag und die Männlichkeit. Yin steht für Dunkelheit, das Mystische, das Heimische, die Nacht, das schöpferische Empfangen und das Weibliche. Wenn man in die Welt blickt, ist nahezu alles auf den Tag ausgerichtet. Die Menschen sind so oft es geht außerhalb ihres Zuhauses und permanent am Leistung, Zeit und Energie geben. Auch moderne Gebäude werden so hell wie möglich mit vielen Glaswänden gebaut, sodass ständig Yang-Energie aktiviert wird. Weiteres steht männliche Karriere ständig im Vordergrund – schon in der Schule und durch Medien aktiviert. Es geht ständig um immer besser, immer schneller und immer höher, auch bei Frauen. Natürlich sind all diese Aspekte positiv und zeigen den Drang nach Wachstum, wie es in der Natur existiert. Jedoch macht die Dosis das Gift, wie man so schön sagt. Es muss ein Ausgleich zwischen Yin und Yang vorhanden sein, um Ausgeglichenheit und ZuFRIEDENheit in die Gesellschaft bringen zu können. Daher geht es im jetzigen Zeitalter darum vermehrt das Weibliche ins Leben und in die Gesellschaft wieder zu integrieren. Die Welt braucht wieder mehr Menschen, die sich dem Mystischen, der Ruhe, dem heimischen Zuhause, der Nacht und dem weiblichen, schöpferischen Empfangen zuwenden. Nicht ohne Grund sind plötzlich verschiedenste Meditationsformen, Yogaarten und Persönlichkeitsentwicklungsseminare entstanden und wie Pilze aus dem Boden geschossen. Die Welt braucht diese Art zu leben. – Ganz dringend! Gleichzeitig kann auch wieder die schöpferische Fülle erkannt werden. Es ist unglaublich, wie schnell und in welchem Ausmaß etwas vorhanden sein kann ohne Kampfgeist der Yang-Energie. Die weibliche Yin-Energie hat dafür gesorgt, dass die Menschheit diese tollen Angebote durch Schöpfung empfangen darf. - wie eine Frau ihr Kind. Kinder entstehen während Menschen sich in leidenschaftlicher Ekstase befinden und die Frau ist diejenige, die dieses Geschenk empfangen darf. Die Ausgeglichenheit des Yin und Yang Symbols kann daher auch bei der Zeugung eines Kindes verdeutlicht werden. Es braucht den männlichen Part, der leidenschaftlich und mit voller Hingabe gibt und es braucht den weiblichen Teil, der leidenschaftlich und mit voller Hingabe empfängt. Und so funktioniert Schöpfung. Immer und bei allem, was gemacht werden kann. Je mehr Herz dabei ist, desto schöner wird dieser Akt der Schöpfung. Es braucht das von Herzen heraus bedingungslose Geben und es braucht das liebevolle, mit geöffnetem Herzen Entgegennehmen und Empfangen.

Der Winter ist ebenfalls etwas, das der weiblichen Yin-Energie zugeordnet wird. Eine Zeit, die viele Menschen verabscheuen. Dabei fordert uns diese Zeit nur auf vermehrt ins heimischen Zuhause zurückzukehren. Der Winter möchte, dass mehr Zeit mit der Familie verbracht wird. Er fordert auch dazu auf, sich Zeit für sich zu nehmen, um wieder zur Ruhe zu kommen. Zeit, um über alles nachzudenken. Und Zeit für Reflexion. - Da es in der Schule verlernt wurde, haben Menschen aufgehört ihr Leben zu reflektieren. Sie geben einfach, was von ihnen gefordert wird. Oft im Alter von vierzig oder fünfzig Jahren reflektieren Menschen ihr Leben zum ersten Mal. Sie denken darüber nach, was noch möglich wäre. Was anders gemacht werden könnte. Und was veränderbar ist. Reflexion ist ebenso eine Handlung, die aus der Yin-

Energie entspringt. Dies ist auch der Grund, warum Menschen oft nachts die mysteriösesten und absurdesten Gespräche führen. Genau dann ist die Energie vorhanden, die zum Nachdenken und Philosophieren anregt. Der menschliche Geist wird empfänglich für Gedanken, die „outside-the-box" sind. Manchmal werden sogar Gedanken empfangen, die durch gesellschaftliche Regeln so begrenzt sind, dass es unerlaubt oder eine Illusion wäre sie in die Tat umzusetzen. Und da sind wir wieder an dem Punkt, der uns zeigt, warum annehmen und schöpferisch empfangen so schwierig für die heutige Menschheit ist. Die Gesellschaft ist in ihren Gedanken schon so unglaublich begrenzt. Wie sollen Taten geschehen, wenn diese als Illusion statt Realität betrachtet werden? Die Mehrheit der Menschen wurde darauf trainiert an derartige Begrenzungen zu glauben. Doch denk einmal an deine Kindheit zurück. Nichts war illusionär. Es wurde einfach ausprobiert und gemacht, was dir in den Sinn gekommen ist. Du hast deine Fähigkeiten einfach ausgelebt und warst Schöpfer deines Lebens. Alles hat sich so angefühlt, als hättest du es gerade neu erfunden und entdeckt. In deiner Welt hast du das ja auch. Warum hast du je damit aufgehört? Lass dein inneres Kind wieder zum Vorschein kommen! Lass den Forscher, den Entdecker und den Erfinder in dir wieder erwachen, für den nichts zu groß, zu weit oder zu illusionär gewesen ist! Öffne dein Herz wieder, um alles, was sich gut anfühlt, anzunehmen! Wenn dir das Leben die Frage stellt: „Darf es ein bisschen mehr sein?“, dann antworte mit „Ja, gerne!“ und greif zu! Erlaube dir selbst „Ja“ sagen zu dürfen. Entweder du machst es oder es wird jemand anderes tun. Denn die Fülle der Natur ist nahezu grenzenlos und will in Bewegung bleiben. Du hast nun die Möglichkeit „JA“ zu ihr zu sagen und sie in deinen Händen halten zu können. Fülle und Schöpfung jeglicher Art wollen auf weibliche Weise mit viel Liebe und Dankbarkeit und ohne Kampfmodus – dazu zählen auch Neid, Gier und Ähnliches – empfangen werden. Es ist mehr als genug für alle da. Die Frage ist nur mehr, wer bereit ist sie auf weibliche Weise zu empfangen. Wer gebärt durch das Annehmen ein neues Lebensgefühl?

Beginne im Kleinen!

Wenn dir jemand beim Kaufen von Lebensmitteln mehr als Geschenk anbietet, sag mit einem Lächeln „Danke“ zu ihm und nimm es an.
Wenn dich jemand auf einen Kaffee einladen möchte, sag mit einem Lächeln „Danke“ und lass dir den Kaffee schmecken.
Wenn dich jemand, den du kennst, nach Hause bringen möchte, weil er nicht möchte, dass du mit

dem Bus oder Taxi fahren musst, dann sag mit einem Lächeln „Ja gerne!“ und bedanke dich.
Es ist in Ordnung Geschenke anzunehmen. Auch dem Anderen bereitet es Freude, wenn es dir gut geht! Es heißt nicht umsonst „Freude ist das einzige, das sich verdoppelt, wenn man es teilt.“. Was es dazu braucht, sind lediglich wieder zwei Teile. Einen, der den Yin-Part übernimmt und einen, der den Yang-Part übernimmt. Das ist alles und die Welt wird innerhalb von Sekunden zu einem schöneren Ort.

Wenn du das gemeistert hast, denk und handle größer!

Was bist du dir selbst wert zu empfangen? Was erlaubst du dir selbst annehmen zu dürfen? Du bist der/die alleinig Entscheidende über dein Leben und über das, was du in deine Welt hinein lässt. Stell dir einmal vor, wie es wäre, wenn du das nächste Mal das Bessere, Größere und Schönere nehmen würdest. Welche Gefühle würde es in dir hervorrufen? Was würde es mit deinem Selbstwert machen? Was hindert dich wirklich daran es zu tun? Zweifel, Sorgen, Ängste? Lass sie los und entscheide dich für das, was dir, deiner Seele und deinem Körper am besten tut! Entscheide dich für einen Wohlfühl-Zustand. Entscheide dich für Wohlstand! Hol dir die beste Schokolade, sprich die schöne Frau an und gönn´ dir dieses Wellnesswochenende! Du bist es wert, dass es dir gut geht. Jederzeit und an jedem Ort! Traue dich den König, die Königin oder den Prinz, die Prinzessin in dir zu erwecken und beginne so zu leben, wie du dich am wohlsten und besten dabei fühlst! Mach dir deinen Wert bewusst und beginne ihn zu leben. Du bist noch so viel mehr wert als du bis jetzt gedacht hast. Selbst Könige und Prinzessinnen sind noch viel wertvoller als sie bis jetzt gedacht haben. Jeder Mensch ist es wert ein prachtvolles Leben führen zu können in Leichtigkeit, Wohlstand und mit all den guten Gefühlen, die erwünscht sind. Beginne danach zu handeln und zu leben! - Ja, auch du darfst, kannst und sollst das, weil du es wert bist!

Das Gesetz der Resonanz besagt, dass das was du ausstrahlst, zurück kommt und sich im Außen spiegeln wird. Stell dir nun vor, du würdest immer so handeln, wie es für dich am besten ist. Du würdest immer die beste Schokolade nehmen, die Frauen ansprechen, die dir wirklich gefallen und im Restaurant das bestellen, worauf du wirklich Lust hast. Du würdest das Reiseziel buchen, wo du wirklich hin möchtest und du würdest so sein, wie du innerlich wirklich bist. Wie würde sich deine Ausstrahlung verändern? Was für Möglichkeiten, denkst du, würden sich im Außen öffnen, die du dann mit Freude empfangen könntest?

Wann beginnst du dein Herz zu öffnen und endlich so zu handeln, wie du es von innen heraus wirklich willst? Wann beginnst du das Beste, das für dich vorbereitet wurde, in Empfang zu nehmen? Wann beginnst du deinen Wert zu leben? Wann beginnst du das Leben zu genießen?

Die beste Zeit ist immer JETZT, um innerlich glücklich, erfüllt und zuFRIEDEN zu sein! Du musst nur beginnen es zu leben. Trau dich „JA" zu dir selbst zu sagen!

12. Loslassen und Vergeben

Lass los, was dich noch blockiert, vergib der Vergangenheit und beginne dich frei zu fühlen!

∞

Es geht im Endeffekt immer darum gespeicherte negative Emotionen aus dem Körper fließen zu lassen.

Was bringt es denn, Überzeugungen ein Leben lang mitzutragen, die jedes Mal negative Gefühle im Körper auslösen? Oder was bringt es, immer wieder an vergangene Situationen zu denken, die ebenso schlechte Gefühle im Körper aktivieren und sich blockierend auf das Leben auswirken? Die Vergangenheit kann niemand verändern, aber in der Gegenwart können laufend neue Entscheidungen getroffen werden, die dich alles erreichen lassen können, was du haben, sein und tun willst. Also lass, wie auch in vorherigen Kapiteln beschrieben, endlich alles, was sich schlecht anfühlt, aus deinem Körper fließen, in welcher Form auch immer. Egal, ob du mental in Form einer schwarzen Flüssigkeit oder von schwarzen Wolken alles rauslässt oder über deinen Atem, über das Schreiben von Briefen oder was dir sonst noch einfällt. Wichtig ist, dass du loslässt, was dich schlecht fühlen lässt oder sogar krank macht. Auch Vergebung bedeutet nur, dass die negativen Emotionen aus der Vergangenheit keine Auswirkungen mehr auf deine Gegenwart haben. Das ist alles. Sieh die Vergangenheit als Lehrer und Wegweiser an. Bedanke dich bei ihr, dass sie dich wachsen, reifer werden und stärker werden ließ. Das war ihre Aufgabe und deine ist es nun in tiefer Dankbarkeit loszulassen und zu vergeben, um so mit einem Gefühl von Leichtigkeit, Gelassenheit und innerer Zufriedenheit der Gegenwart begegnen zu können. Gib dich der Gegenwart mit Lebensfreude und Leidenschaft hin! Nimm alles an, was dich glücklich macht und sorge dafür, dass jede Sekunde, die beste deines Lebens werden kann!

Stell dir einmal vor der beste Moment deines Lebens geschieht erst, ...

… was ändert sich genau in diesem Moment? Was wird nun wichtiger? Die Vergangenheit oder die Gegenwart? Die Überzeugung, die dir schlechte Gefühle kreiert oder der Gedanke, der dich positive Emotionen fühlen lässt?

Nur du entscheidest über dein Leben und was als nächstes geschieht. Fokussiere dich auf innere Freiheit, Leichtigkeit und ZuFRIEDENheit!

13. Gute Gefühle

Was brauchst du jetzt, damit es dir gut geht?

∞

Einer meiner ersten Lehrer im Mentaltraining sagte immer: „Schaff dir gute Gefühle!".
Damals hab ich diesen Satz gut und lustig gefunden. Den Sinn dahinter habe ich zwei Jahre später erst so richtig erkannt. Nahezu alles, was unsere Seele und unser Körper brauchen sind Nahrung, Wärme und gute Gefühle, um gut leben zu können.
Wir brauchen kein Auto, um ein Auto zu haben. Wir brauchen es um in Leichtigkeit schnell und angenehm von A nach B kommen zu können. Welche Art von Auto dabei als angenehm empfunden wird, hängt von jedem einzelnen Geschmack ab. Es geht viel mehr um das GEFÜHL, das entsteht, als um die Materie an sich.
Wir brauchen keine riesige Villa, um eine Villa herzeigen zu können. Wir wollen das Gefühl von

Wärme, Heimkommen und sich ausbreiten können SPÜREN. - Ich persönlich finde den Wunsch und die Umsetzung ein großes Haus zu haben als etwas Natürliches. Es zeigt auch, dass der Wert und die Bedürfnisse von sich selbst erkannt wurden. Mutter Erde bietet so viel Platz, dass es völlig in Ordnung ist sich den Platz und Freiraum zu schaffen, wo man sein eigenes Energiefeld voll ausbreiten kann und sich wohl fühlt. Ich persönlich empfinde einen kleinen Raum und Wohnungen als etwas Unnatürliches. Natürlich sind sie praktisch, jedoch sollte jeder sein Energiefeld ausbreiten können ohne dabei ständig in einem anderen sein zu müssen. Für Menschen mit einer großen Ausstrahlung und gut entwickelten energetischen Fähigkeiten wird diese Aussage leicht nachvollziehbar sein. -

Wir wollen nicht auf den Berg, um auf einem Berg zu sein. Wir wollen die Weite, die Landschaft, die Erde, die Luft und den Zustand dort erleben und FÜHLEN.

Auch bei einem Ausflug jeglicher Art geht es nicht darum einfach etwas belanglos zu tun. Ziel ist Gefühle zu aktivieren, wie Neugierde wieder zu erwecken, Neues kennen zu lernen, Freiheit zu SPÜREN und Unabhängigkeit fühlen zu können. Es geht auch darum unsere fünf Sinne wieder voll auszuleben indem gut essen gegangen, die gute Luft der Natur gerochen, Wunderschönes gesehen und gehört und das Leben gefühlt wird, sowohl durch Berührung als auch durch Emotionen. Durch Emotionen, wie Lebensfreude, Herzenswärme, Dankbarkeit, Glückseligkeit, Freude durch Lachen und Gelassenheit. Menschen empfinden einen Drang die Umgebung und den Körper positiv wahrnehmen und fühlen zu wollen. Es ist das Natürlichste auf der Welt Neues erleben, emotionales und physisches Wachstum erreichen und sich gut fühlen zu wollen und dies so oft wie möglich. Geh raus in die Welt und erlebe, was Gutes zu erleben möglich ist!

Was brauchst du jetzt, damit du dich gut fühlst?

Wie im Kapitel Annehmen können mehrmals erwähnt, erlaube dir deinen WERT ZU LEBEN und mach, was dich in deinem Körper wohl fühlen lässt! Sei es nun ein Spaziergang, eine Tasse Kaffee oder ein Wochenendurlaub ins Ausland. Lass die Begrenzungen fallen, gib dich dem Leben hin und beginne es mit allen guten Gefühlen, die du in deinem Körper spüren kannst, auszuleben! Die Zeit hier auf Erden ist viel kürzer als viele glauben. Daher ist immer JETZT der beste Zeitpunkt etwas zu tun, das sich gut anfühlt!

Liebe und Dankbarkeit

Liebe und Dankbarkeit - sowie Freude - sind, wie

bereits in einem vorherigen Kapitel erwähnt, die höchsten Frequenzen, die in unserer Gefühlswelt existieren. Ihre Schwingung ist so fein und hoch, dass sie die besten Gefühle in unserem Körper auslösen können. Grundvoraussetzung dafür ist, dass sie aus tiefsten Herzen heraus gelebt werden, damit sie sich in vollster Stärke zeigen können.
LIEBE könnte man auch als liebevollste Hingabe zu jedem Detail im Leben und in der Welt benennen. Kleine Kinder leben uns dies so großartig vor. Sie freuen sich über nahezu alles, was sie entdecken und gehen selbst mit einem Marienkäfer unglaublich achtsam und mit Herzensliebe um, als wäre es schon ihr eigenes Kind. Sie tun, was sie lieben zu tun und zeigen dies auch aus vollsten Herzen heraus. Sie haben keine Angst, dass jemand das, was sie gerne und mit Leidenschaft tun, kritisieren oder belächeln könnte. Sie tun es einfach und dies von ganzem Herzen heraus. Anschließend teilen sie es manchmal auch in vollster HINGABE mit der Welt. Sie trauen sich sich selbst zu zeigen und so Liebe von anderen zu empfangen. Es ist eine wunderschöne Eigenschaft, von der die Welt ganz dringend wieder mehr braucht.

BEDINGUNGSLOSE LIEBE.

Ich durfte unlängst ein wunderschönes Gespräch führen, wo dann die Frage auftauchte: „Was denkst du ist bedingungslose Liebe?". Bevor ich dir meine Antwort gebe, fordere ich dich auf ein Blatt Papier und einen Stift zu holen und aufzuschreiben, was du mit bedingungsloser Liebe – einer Liebe ohne Bedingungen, Erwartungen und Forderungen – assoziierst und verbindest.

Und nun zu meiner Interpretation. Da auch die Aussage dazu kam, ob es denn auch möglich ist bedingungslos die ganze Welt zu lieben, habe ich folgende Antwort kreiert. Ich denke bevor das Leben und andere Menschen völlig bedingungslos geliebt werden können, ist der erste Schlüssel SICH SELBST BEDINGUNGSLOS zu LIEBEN. Was bedeutet, dass man sich selbst so akzeptiert, wie man im jetzigen Moment ist. Dass man all die Entscheidungen, die bis jetzt im Leben getroffen wurden, so akzeptiert, wie sie gemacht wurden. Ab jetzt kann alles neu entschieden werden, aber was bis jetzt geschah, muss so angenommen werden, wie es gelebt wurde. Vergib dir selbst und lass alle negativen Emotionen, die in dir hoch kommen einfach hinaus fließen und lass so ein Gefühl von Verständnis, Klarheit und Erleichterung entstehen. Dieses Gefühl kann zusammengefasst auch Akzeptanz genannt werden. Akzeptiere deine Verhaltensweisen, die du jetzt noch in dir trägst. Du kannst sie jederzeit verändern oder intensivieren. Nimm dich jedoch JETZT so an, wie du bist ohne jegliche

Erwartungen, Forderungen oder Bedingungen an dich selbst. Alles ist gut, so wie es gerade ist und in Zukunft kann alles anders und noch besser werden. Jetzt ist jetzt und darf so angenommen werden, wie es ist. Auch dich selbst nimm so an und akzeptiere dich, wie du bist! Erkenne auch die positiven und guten Eigenschaften an dir! Sei stolz auf deine Gaben und Fähigkeiten, die dir das Leben gegeben hat! Nimm sie nicht als selbstverständlich, sondern sehe sie als etwas Besonderes! Sie sind das, was dich so unglaublich wertvoll und besonders macht. Deine Gaben und Fähigkeiten formen dich zu einem liebevollen, unglaublich tollen und unbeschreiblich wertvollen Unikat. Ich denke, es ist auch bedingungslose Selbstliebe, wenn der Mut aufgebracht wird, diese Geschenke von tief innen in der Form zeigen zu können, wie sie gerade sind ohne Sonderwünsche, Erwartungen oder Forderungen an sich selbst. Einfach so, wie sie eben sind, und dies in vollster Pracht. Es sind unbeschreiblich wertvolle Geschenke von dir und vom Leben an dich selbst und weiterführend auch an die ganze Welt. Erlaube dir selbst diese Fähigkeiten zu lieben und zu schätzen. Du wirst sehen, dass sich dieses Verhalten in der ganzen Welt widerspiegeln wird.

Da nun bedingungslose Selbstliebe erkannt wurde, ist es möglich bedingungslose Liebe zu allem zu kreieren. Ich habe damals im Gespräch folgendes geantwortet. Ja ich denke mit einem ausgesprochen gut trainierten positiven Mindset ist es möglich, die ganze Welt bedingungslos zu lieben. Davor sollte jedoch die Welt und die Menschen darin bedingungslos akzeptiert werden, so wie sie sind. Jeder Mensch handelt nach seiner bestmöglichen Option. So wie er denkt, dass es gut für ihn und sein Umfeld ist, so handelt er. Leider stehen noch Macht, Geldgier und ungesunder Egoismus im Vordergrund in dieser Welt. Jedoch bemerke ich auch, dass diese Art zu Denken immer mehr verschwindet und der Weg in die bedingungslose Liebe und Akzeptanz immer häufiger gewählt wird. Dieser Weg wird geformt indem Macht, Gier und ungesunder Egoismus in Mitgefühl, Akzeptanz und Wachstum zum Wohle aller umgewandelt wird. Dies bedeutet, dass Menschen immer stärker innerlich zu fühlen beginnen, dass es einen Grund hat, warum bestimmte Menschen bestimmte Verhaltensweisen haben und demnach beginnen sie ihnen mitfühlender zu begegnen. Gier nach Materiellem oder nach Geld hat oft wenig mit Materie oder Geld an sich zu tun, sondern vielmehr mit dem Drang eine Leere von fehlender Wertschätzung, Liebe und Anerkennung füllen zu wollen. Diesen Menschen sollte man einfach mitfühlend begegnen – mit bedingungsloser Liebe und Akzeptanz eben – im

Wissen, dass dieser Mensch einfach nach etwas Emotionalem in der materiellen Welt sucht. Unsere Aufgabe ist es, ihm zu zeigen, wie es sich anfühlt, wenn diese Leere gefüllt ist. Dann verschwindet auch automatisch diese Gier und wird in Teilen-Können und -Wollen umgewandelt. Menschen werden vermehrt großzügiger werden, so dass jeder mehr als genug von allem haben wird ohne je etwas dafür zurückzuverlangen. Dies ist aus meiner Sicht bedingungslose Großzügigkeit. Menschen, die mehr von etwas haben, geben anderen Menschen ohne Erwartungen etwas davon ab, damit es am Ende allen gut geht. Es ist genug von allem Vorstellbaren für alle da. Es ist nur eine Frage der Verteilung und hierzu sind Großzügigkeit und Annehmen können eine emotionale Grundvoraussetzung. Bedingungslose Akzeptanz von sich selbst und allen anderen ist hierfür bestimmt eine wichtige und großartige Eigenschaft.

Um bedingungslose Liebe fast vollständig zu beschreiben, möchte ich die letzte Frage aus dem Gespräch beantworten. Ich wurde gefragt, ob bedingungslose Liebe in einer Partnerschaft zweier sich liebender Menschen gleich stark sein kann, wie die zur ganzen Welt. Diese Frage finde ich wirklich spannend. Grundsätzlich gehe ich immer von einer bedingungslosen Akzeptanz als Basis aus. - Einer

Akzeptanz ohne jegliche und weitere Erwartungen und Forderungen an einen bestimmten Menschen und der Annahme aller Eigenheiten und Eigenschaften, die dieser hat.
Je näher wir Menschen einem anderen Menschen sind, desto mehr sehen wir uns als Einheit, als Eins. Ich persönlich nehme es manchmal auch so wahr, als würden Menschen in einer Partnerschaft in einen Modus fallen, der ähnlich wie bei Kindern ist, die sich selbst noch nicht von ihrer eigenen Mutter unterscheiden können. Dies hat zur Folge, dass sie denken, dass der andere Mensch gleich handeln würde, wie sie es selbst tun würden. Und dies sind natürlich selbst erschaffene Erwartungen, welche nicht immer erfüllt werden können. Ich denke, dass bedingungslose Liebe gerade in einer Partnerschaft möglich ist, denn hier sind echte tiefgehende Gefühle im Spiel, welche zur Masse nicht vorhanden sind. Wahrscheinlich ist bedingungslose Akzeptanz zur Welt wesentlich einfacher als bedingungslose Liebe in einer Partnerschaft mit tiefgehenden Gefühlen, jedoch denke ich auch, dass es um ein vielfaches schöner sein kann. Der Schlüssel in einer Partnerschaft ist möglicherweise das Loslösen dieses Eins-Sein-Zu-Müssen-Gefühls. Nicht in allen Bereichen sollte es verschwinden, jedoch in denen, wobei der Verstand laut wird. In jenen, wo es sich

unglaublich gut anfühlt, sollte es auf jeden Fall gestärkt werden.
Tiefgehende Liebe ist etwas ganz besonderes. Sie ist eine Einheit aus zwei individuellen Wesen voller Emotionen, Eigenschaften und Gaben, die individuelle Entscheidungen treffen und individuelle Vorlieben haben. Am Ende geht es darum, dass jeder Mensch sich einfach gut fühlt mit seinem Leben und daher sollte jeder die Freiheit haben selbst seinen Weg gehen zu können. Manchmal alleine und manchmal Hand in Hand mit dem Partner. So, wie es gerade passt. Und so wird es sich auch gut anfühlen. Dies sind meine ersten Antworten auf diese Frage. Möglicherweise folgen in einem später geschriebenen Buch weitere.

Hinzufügend sei noch gesagt, dass im Grunde Liebe und Bedingtheit niemals im gleichen Moment gleichzeitig existieren können. Denn wo eine Forderung oder Erwartung ist, ist auch Mangel. Liebe ist nie ein Mangelprodukt. Liebe ist immer Fülle und Herzlichkeit auf allen Ebenen.

DANKBARKEIT

Dankbarkeit ist ein enorm starkes Werkzeug, wenn gewusst wird, wie mit ihm umgegangen werden sollte.

Dankbarkeit produziert unglaublich intensive Reaktionen im Körper, die dich in höchstem Maße wohl fühlen lassen.

Dankbarkeit ist einer der stärksten Transformatoren, die es gibt.

Die erste Übung, die ich vermitteln möchte ist folgende. Sie ist wirklich ganz simple. Ich führe sie manchmal mehrmals täglich durch. Sag einfach zum Leben, zum Universum, zu den Engeln oder zur geistigen Welt „Danke! Danke für alles!“. Diese Worte erzeugen sowohl Gefühle wie Glückseligkeit und Freude als auch Erleichterung und Stolz.

Für die zweite Übung nimm dir wieder ein Blatt Papier und einen Stift zur Hand. Wähle einen Zeitraum aus: den heutigen Tag, die letzte Woche, den letzten Monat, das letzte Jahr, dein ganzes Leben. Und nun schreibe alles auf, wofür du in diesem Zeitraum dankbar bist!
Genieße das Gefühl nachdem du die Liste noch einmal durchgelesen hast!

Übung Nummer drei: Dankbarkeitstagebuch
Notiere jeden Abend mindestens drei Situationen oder Ereignisse, wofür du „heute“ dankbar bist! Mit dieser Übung hältst du diesen positiven Fokus stabil und kreierst ständig und regelmäßig gute Gefühle,

die dich in eine hohe Schwingungsfrequenz bringen. Und je höher du schwingst, desto leichter ziehst du Schönes in dein Leben, wofür du wiederum dankbar sein kannst.

Loslassen durch Dankbarkeit.
Ich habe schon einige Übungen in diesem Buch erwähnt, um loslassen zu lernen, jedoch denke ich, dir mit dem folgenden Satz eine der einfachsten Möglichkeiten zu zeigen, um schlechten Situationen einen neuen Rahmen zu geben. ES IST ZEIT FÜR DAS, WAS WAR „DANKE" ZU SAGEN, DAMIT DAS, WAS WIRD, UNTER EINEM GUTEN STERN BEGINNT. Sag einfach einmal DANKE zu allem Negativen und Schlechten, das du erlebt hast! Sag DANKE für die Stärke und den Mut, die dadurch in dir entstanden sind! Sag ein einfaches und liebevolles „DANKE!" und genieße die anschließende Erleichterung und Befreiung in dir!

Mit Liebe und Dankbarkeit können wir nahezu alles loslassen, kreieren und erreichen, was uns schlussendlich immer mit einem guten Gefühl bereichern wird.

Kreiere dir so viele gute Gefühle, wie es nur möglich ist und genieße dein Leben! Das Leben

will, dass du glücklich bist! Das Leben ist wunderbar.

14. Kreativität, der Urantrieb des Menschen

Erfindergeist kreiert Wachstum auf allen Ebenen
und Kreativität ist seine Basis.

∞

Erfindergeist macht zuFRIEDEN und wird durch Kreativität und unglaublich starken positiven Emotionen in Gang gesetzt!
Wann hattest du das letzte Mal den Gedanken etwas Neues erschaffen zu wollen? Wie hast du dir vorgestellt, dass das Endprodukt, das Resultat aussehen sollte? Welche Details sollten dabei vorhanden sein? Welche Emotionen werden in dir bei diesen Gedanken aktiviert? - Diese Fragen beschreiben deinen Erfindergeist, deine Kreativität und deine Gefühlsaktivierung dabei.

Jeder Mensch ist im Grunde ein Erfinder verschiedenster Produkte und Situationen.

Angefangen beim Frühstück machen am Morgen, über alltägliche Tätigkeiten bis hin zur Abendgestaltung. Jeder Mensch kreiert sein Leben jeden Tag ganz individuell und neu. Dazu braucht es auch immer wieder neue Ideen und Impulse, die umgesetzt werden müssen. Und Kreativität spielt dabei eine sehr wichtige Rolle. Sie ist der Schlüssel zu großartigen Werken. Mit bestärkenden Emotionen, wie Liebe, Leidenschaft und Abenteuerlust werden Energien aktiviert, die nahezu alles erreichbar machen lassen.

Leb deine Kreativität aus!

Da ja ohnehin tagtäglich das Leben neu kreiert wird und dabei unglaubliche schöpferische Fähigkeiten aktiviert werden, warum sollte es dann nicht auch in noch viel größeren Dimensionen möglich sein sie zu leben? Nicht nur die großen Stars und Sternchen haben Zugang zu dieser schöpferischen Urkraft, sondern auch du selbst! Du bist tagtäglich in Kontakt mit der Kraft und arbeitest mit ihr durch deinen Erfindergeist und deine Kreativität, die der Antrieb aller Schöpfung ist. Nutze deine inneren Fähigkeiten bewusst und in höchster Form, die du dir vorstellen kannst! Für alles, was du mit deinen Gedanken formen kannst. Es gibt kein zu groß, zu klein, zu … Es gibt nur zu viele Sorgen, Zweifel und Ängste. Lass sie los und gib dich mit voller Hingabe deinen inneren Impulsen und Ideen sowie deiner Kreativität und deinem Leben hin! Lass wundervolle, schöne und großartige Werke entstehen!

Unzufriedenheit ist der Ursprung für Veränderung

Unzufriedenheit ist oft der Ursprung warum der Urantrieb Kreativität überhaupt aktiviert wird. „In der Not wird der Mensch kreativ.“, sagt man, und das nicht ohne Grund. Doch was alles aus diesem Zustand entstanden ist, ist wirklich WUNDER-voll!

Einst waren die Menschen unzufrieden, da ihnen die Welt zu dunkel war und so entstand das LICHT, die Glühbirne.

Einst waren die Menschen unzufrieden, da ihnen die Kutschen zu langsam fuhren, und so entstand das AUTO.

Einst waren die Menschen unzufrieden, da sie immer mit Feuer kochen mussten, und so entstand der ELEKTROHERD.

Möglicherweise bist auch du momentan noch nicht hundert Prozent mit deinem Leben zufrieden und deshalb liest du gerade dieses Buch und durchs Lesen dieser Zeilen hast du möglicherweise gerade eine Idee in deinem Kopf kreiert, die du gleich umsetzen wirst. - und so entsteht Neues. So entsteht Schöpfung.

Man sollte innere Unzufriedenheit und innere Widerstände nicht immer gleich als etwas Negatives abstempeln. Oft sind genau dieser Zustand und diese Gefühle der Wendepunkt und Anstoß zur Schöpfung von großartigen Werken und Produkten.

Natürlich kann der Widerstand auch einfach akzeptiert werden. Aber er kann auch als Zeichen gesehen werden, um ins TUN und VERÄNDERN zu kommen. Verändern bedeutet manchmal auch verbessern. Das Leben ist also bereit noch schöner und mit noch besseren Momenten und Gefühlen gestaltet, kreiert und gelebt zu werden. Nimm dieses Zeichen an und kreiere mit voller Freude und Hingabe diese Veränderung und Verbesserung. Nimm auch alles an, was das Leben nun Positives zu bieten hat! Du bist aus einem bestimmten Grund zu einer bestimmten Zeit an einem bestimmten Ort. Und es warten auch aus einem bestimmten Grund Menschen, Gespräche und materielle Dinge auf dich, damit du sie dankend und mit Herzensfreude annimmst.

Ja, manchmal warten auch nicht so tolle Situationen und Gespräche auf dich. Sie wollen dir deine Ängste, Zweifel und Sorgen – deine Blockaden –, die du energetisch noch in dir trägst aufzeigen. Löse sie auf, indem du sie loslässt, indem du vergibst, indem du die negativ gespeicherten Emotionen in dir transformierst und hinausfließen lässt. Und dann fokussiere erneut dein Ziel, deine Idee! Mach dich erneut auf den Weg sie umzusetzen! Dranbleiben ist der Schlüssel zum schöpferischen Realisieren! Die Schöpfung möchte, dass es dir gut geht und dass du alles erreichst, was du von Herzen gerne willst. Aber sie zeigt dir auch deine Ängste, Zweifel und Sorgen. Daher ist deine Aufgabe nun zu transformieren und weiter zu kreieren. Zu vergeben und weiter zu gehen. Loszulassen und weiter zu fokussieren. So lange bis du innerlich davon zu hundert Prozent überzeugt bist, dass du deine Idee real in den Händen halten oder mit deinem Körper spüren kannst. Und wenn es dann soweit ist, genieße das Realisierte! Genieße jedes Detail! Und sei dankbar und liebe jedes Detail! So hältst du die Schwingung konstant oben und noch mehr Gutes kann sich in deinem Leben realisieren. Denn wie wir bereits wissen, besagt das Gesetz der Resonanz, dass du das, was du ausstrahlst – Schwingung, Frequenz –, auch anziehst. Das woran du am öftesten denkst, kreierst du zu deiner Realität.

Auch Gedanken sind ein Teil deiner Kreativität

Wie oft habe ich die Worte gehört: „Du machst ja nur NLP. Ich bin schon im Bewusstseintraining angekommen.“. NLP, Neurolinguistisches Programmieren, ist eine Ausbildung, in der man unter anderem lernt Worte bewusst zu verstehen und zu nutzen. Daher ist es ein unglaublich wertvolles Tool, um auch die eigenen Gedanken perfekt zu formen und so zu kreieren, dass sie dem Schöpfungsprozess sehr dienlich sein können. Natürlich habe ich mich außerhalb dieser Ausbildung noch weitergebildet und unzählige Selbsterfahrungen gemacht, um dort zu sein, wo ich nun bin. Worauf ich hinaus möchte, ist, dass die Basis nie vernachlässigt und immer wieder an ihr nachjustiert werden sollte. Aussagen, wie die vorherige zeigen nur, dass diese Menschen aufgehört haben eine Grundlage zu nutzen. Ihre Gedanken. Ohne unseren Geist würden wir weder etwas wahrnehmen noch unsere Kreativität aktivieren können. Unser Geist entscheidet, wie unser Leben geschöpft wird und wie bewusst. Bewusstseinstraining hat daher als Basis immer unseren Geist und unsere Gedanken als Ursprung mit all den dabei entstehenden Emotionen. Je bewusster du also denkst, desto bewusster wirst du fühlen und handeln und desto bewusster wird sich dein Leben ins immer Schönere und Bessere entwickeln. Leben ist permanentes Wachstum. Sowohl mental, geistig und persönlich als auch körperlich und materiell. Wir sind auf der Erde inkarniert, um genau diese Erfahrungen machen zu können. Unseren Geist zu nutzen, um körperliche und materielle Schöpfung zu kreieren. Und

Kreativität wurde uns als Urantrieb gegeben, um die Schöpfung in Bewegung zu bringen. Das, was wir lernen müssen ist diese Fähigkeiten bewusst lenken zu lernen – auf allen Ebenen.

Dein Verstand und deine Kreativität setzen den Impuls. Das Leben eröffnet die Möglichkeiten

Es gibt zwei Arten der Schöpfung. Die spezifische und die unspezifische.

Nehmen wir als Beispiel etwas einfaches Materielles. Ein Auto. Spezifisch wäre, wenn du in deinen Gedanken kreierst, dass du einen VW Bulli T1 in Blau mit 32kW kaufen möchtest. Unspezifisch wäre, dass du dir einfach ein neues Auto wünscht, das dich angenehm von A nach B bringt. Eventuell hast du noch Sonderwünsche, wie Sitzheizung oder eine bestimmte Farbe. In beiden Fällen wirst du bekommen, was du in deinen Gedanken kreierst. Die Schwingung, die du aussendest, wird sich materialisieren – insofern sonst keine weiteren Störfaktoren, wie Ängste, Zweifel oder Sorgen zwischen Senden und Empfangen vorhanden sind. Dann gilt es diese vorher aufzulösen, ansonsten fließen sie in die Schöpfung mit ein.

Das Leben eröffnet also die besten Optionen, die es deinem Wunsch entsprechend gibt. In genau der Frequenz, in der du den Wunsch ausgesendet hast. Daher sende genau das aus, was du auch haben, sein und fühlen willst! Egal ob spezifisch oder unspezifisch. Beide Formen sind eine Möglichkeit, die die Schöpfung aktivieren und realisieren.

Wünsche und schöpfe bewusst und du wirst zuFRIEDENstellende Resultate erhalten!
- Enjoy it!

15. Wertschätzung

Wer den Wert von Materie, seinen Mitmenschen und sich selbst erkannt hat, wird beginnen ein anderes Leben zu leben.

∞

Der Wert der Schöpfung
Um an das vorherige Kapitel anzuschließen, möchte ich in ein Thema eintauchen, in dem ich persönlich ziemlich viele Erfahrungen machen musste, um es annähernd zu verstehen, in mein Leben zu integrieren und es leben zu lernen. **Die Wertschätzung.**

Jeder von uns ist ein Produkt aus der Schöpfung. Unsere Eltern kamen einst auf die schöne und kreative Idee ein Kind zeugen zu wollen und so sind wir entstanden. Oft werden wir als „Ein Wunder der Natur“ bezeichnet, was wir definitiv sind! So, wie alles hier auf Erden. Entweder man betrachtet nichts oder alles als ein Wunder. Ein Wunder der Schöpfung.

Welchen Wert hat ein Wunder? Welchen emotionalen Wert und welchen materiellen Wert? Wir sind hier in Form von Materie durch unseren Körper auf Erden inkarniert. Daher finde ich es auch wichtig immer beide Aspekte zu betrachten, sowohl Energie und Geist als auch Materie. Materie ist schlussendlich ebenso gebündelte Energie und daraus können wir schließen, dass alles Eins ist. Trotzdem splitten wir hier Energie in Materie – gebündelte, sichtbare Energie - und Emotionen inklusive Gedanken – für die meisten Menschen unsichtbare Energie – auf. Wenn du nun ein Wunder betrachtest, ein Baby zum Beispiel, welchen materiellen und emotionalen Wert hat dieses für dich? Welchen emotionalen und materiellen Wert hat ein Auto, ein Haus, eine Reise oder gutes Essen für dich? Welchen Wert schreibst du dir selbst zu? Wie wertvoll denkst du, bist du?
Geld ist, um eine Antwort auf all diese Fragen zu geben, wieder einmal ein wunderbarer Spiegel. Denn Geld ist im Grunde reine Energie, die in Form von Papier und Münzen materialisiert wurde. Es zeigt auf einfachste Weise welchen Wert wir wem und was zuschreiben. Was ist dir beispielsweise das Essen, das Auto oder ein Urlaub wert? Was bist du bereit zu

geben, um diese Wunder erleben zu können? Was ist dir ein anderes Lebewesen wert? Was bist du bereit diesem Wunder persönlich zu geben? Und was bist du dir selbst wert? Was bist du Wunder bereit dir selbst zu gönnen, zu geben und anzunehmen? Deine Antworten zeigen schon ziemlich deutliche Ergebnisse auf, wie du derzeit Wertschätzung in dein Leben integrierst. Um wieder an das Letzte Kapitel und das Kapitel Großzügigkeit anzuschließen, erinnere dich an den Satz: „Nur wer großzügig ist, den beschenkt das Leben mit großzügigen Geschenken.“. Je größer du denkst und je großzügiger du handelst, desto wertvollere Erlebnisse und Geschenke eröffnet dir das Leben. Du hast sie permanent vor Augen. Im Supermarkt, auf der Straße und durch Medien. Du musst nur mehr hingreifen und die Geschenke annehmen. Blick noch genauer! Erkenne all die Möglichkeiten, um dich herum, wodurch immer mehr materialisierte Energie in dein Leben integriert werden kann. Es sind unzählig viele Optionen und Wunder, die nur darauf warten von dir und deiner Kreativität an die Hand genommen zu werden und in dein Leben integriert zu werden. Unzählig viele! Jeden Tag eröffnen sich dir neue Möglichkeiten, die du in dein Leben integrieren kannst, damit du vollkommen zuFRIEDEN, gelassen und glücklich sein kannst. Und das Leben will, dass du vollkommen glücklich und zufrieden bist! Immer und überall! Es ist dein eigener Verstand, der dich manchmal davon abhält. Sonst nichts. Änderst du deine Gedanken und Fokussierungen, so ändert sich dein gesamtes Leben! Hast du einmal deinen eigenen wundervollen Wert erkannt und den Wert deines Umfeldes und deiner Umwelt, dann richtet sich dein Leben vollständig danach aus. Alles um dich herum formt sich entsprechend deiner Gedanken. Schlussendlich ist es nur mehr deine Aufgabe diese wertvollen Geschenke anzunehmen und in dein Leben zu integrieren.

Beginne jetzt! Lebe ein wertvolles Leben voller Liebe, Glückseligkeit, Hingabe, Wertschätzung und ZuFRIEDENheit!

16. Gier als ein positives Signal

Hat man begonnen seinen eigenen Wert zu erkennen, kommt manchmal ein Gefühl von Gier ins Spiel des Lebens. Lasst es uns positiv nutzen!

∞

Sich selbst wertschätzende Menschen verstehen auch das Prinzip von Gier positiv zu nutzen

Vielleicht ist Gier nicht das perfekteste Wort, das man für dieses Kapitel verwenden kann, jedoch bringt dieses Gefühl einen wesentlichen Aspekt auf den Punkt. Gier ist der natürliche Trieb nach Wachstum, Fülle und ein Leben voller ZuFRIEDENheit. Gier ist daher der Motor, der uns in Bewegung bringt, um unser Leben voller Kreativität hier auf Erden zu kreieren.

Gier offenbart uns, was uns wirklich sowohl materiell als auch emotional im Leben wichtig ist, und was wir gerne hätten, um vollkommen glücklich und zuFRIEDEN zu sein. Es signalisiert uns unsere tiefsten Sehnsüchte und Wünsche. Obacht! Lerne materielle und emotionale Sehnsüchte zu unterscheiden. Gier nach Materie zeigt oft auch nur den Wunsch nach Liebe, Geborgenheit, Anerkennung, Familie und Sicherheit auf und nicht den Wunsch nach Materie, die uns nützlich ist, um ein angenehmes Leben zu führen.

Wachstum ist Leben und Zufriedenheit. Bloß Ankommen ist Stillstand und bedeutet Tod.

Es liegt in der menschlichen Natur wachsen und immer Neues kreieren zu wollen. Egal in welcher Größe und in welchem Ausmaß. Wachstum ist ein menschliches Grundbedürfnis.

Natürlich ist es auch wichtig anzukommen und bestimmte Ziele zu erreichen. Doch überlege dir auch wie es weitergeht, wenn du dein Hauptziel erreicht hast. Was soll danach kreiert werden und entstehen? Was möchtest du danach erleben? Was brauchst du danach, um dich gut zu fühlen? Und was kannst du aus deinem bereits Erschaffenen und Erreichten wachsen lassen? Wenn du dieses eine Hauptziel in deinem Leben erreicht hast, was folgt darauf? Ein Ziel zu erreichen bedeutet zwar ankommen, aber es bedeutet auch Stillstand, was so ähnlich klingt wie Ruhestand – Pension. Ist es natürlich still zu stehen? Ich meine „Nein“. Auch im Ruhestand schmiedet man kreativ Pläne, was durch die viele Zeit nun alles möglich ist. Ansonsten wird man leblos und das Leben nimmt sein Ende. Es nimmt sein Ende, weil es unnatürlich ist nichts zu tun, nichts zu erleben und nicht zu wachsen. Also notiere dir jetzt zehn „Warum´s", zehn Gründe, warum du dein Hauptziel und das wonach du gierig bist, erreichen möchtest. Was soll danach geschehen? Beantworte dir selbst diese Fragen und du wirst sehen, das Universum setzt alles in Gange damit du dies erreichen kannst, wonach du dich sehnst und was du dir wünscht! Sei bewusst gierig und integriere Wachstum in dein Leben! Vor allem integriere emotionales Wachstum, wie Liebe, Freude und Dankbarkeit in dein Leben! Wenn du emotional erfüllt bist, dient Materie nur mehr als Mittel zum Zweck, um noch mehr gute Gefühle und ein Gefühl von ZuFRIEDENheit erleben zu können. Für das, ist Materie da. Um uns das Leben auf Erden schöner, angenehmer und zuFRIEDENstellender zu machen. Worum es wirklich geht, ist Herzenswärme, Liebe und Abenteuerlust zu spüren. Und das in höchstem Maße und in schönster Weise, die es zu fühlen gibt.

Erlaube dir natürliches Wachstum tagtäglich in dein Leben zu integrieren und genieße diesen Zustand voller ZuFRIEDENheit!

17. Kooperation statt Konkurrenz

Die Welt braucht keine Menschen mehr, die immer mehr und besser sein wollen als andere. Die Welt braucht dringend wieder Menschen, die zusammen großartige Werke und Produkte kreieren.

∞

Konsumation ist ein natürliches Bedürfnis

Wir Menschen sind quasi ein lebender Kreislauf. Wir müssen konsumieren, um überleben zu können. Ohne Nahrung und Wärme würden wir sterben. In den letzten Jahrzehnten hat dieses Verhalten einen eigenartigen und doch schönen Lauf genommen. Dieses Wirtschaftssystem, das entstanden ist, hat Menschen dazu gebracht ihre Kreativität voll auszuleben. Sie haben begonnen Produkte und Dienstleistungen zu erschaffen und sie anschließend mit allen Menschen zu teilen. Doch dann kam dieses Konkurrenzdenken mit ins Spiel und diese negative Form der Gier. Leider wurde plötzlich nur mehr

Fokus vermehrt auf Materie gelegt und innere, emotionale, menschliche Bedürfnisse wurden außer Acht gelassen. Immer größere innere Leere entstand dadurch und immer mehr Materie, über die sich Menschen begannen zu definieren. Doch Materie ist nicht das, was du innerlich bist sondern Materie alleine ist ein Mittel zum Zweck. Ein Mittel, um einen Wohlfühlzustand zu erzeugen. Immer mehr und mehr Materie als der beste Feind zu haben, macht innerlich nicht glücklich. Am Ende erzeugt es möglicherweise eine noch größere Leere. Konkurrenz wird nie zu Glückseligkeit, Wohl-Sein und ZuFRIEDENheit führen. Niemals!
Jedoch Kooperation kann es. Kooperation bedeutet, dass im Team kreativ erschaffen wird. Was gibt es besseres, als sich über erreichtes Wachstum zusammen freuen zu können?! Nehmen wir wieder als Beispiel das Wunder Mensch. Stell dir vor du und dein Partner, deine Partnerin bekommen ein Baby. Wie glücklich wärst du alleine und wie glücklich seid ihr zusammen, dass dieses Wunder bald in eurem gemeinsamen Leben sein wird? Die Natur hat Kooperation für uns Menschen vorgesehen. Die Schule hat es uns durch Bewertungen jeglicher Art falsch mit auf den Weg gegeben. Auch wenn es während der Schulzeit oft nicht möglich ist, beginnt trotzdem euren Kindern zu vermitteln, dass

Konkurrenz und Bewertung nichts lebensnotwendiges sind, Wachstum jedoch schon!

Kinder kreieren tagtäglich Wachstum

Kinder sind wirklich etwas Wunderbares! Angefangen bei Zeichnungen, über Bausteine bis hin zu Sandburgen. Sie kreieren so unglaublich schöne und tolle Werke. Seit ihrer Geburt. Und oft schließen sie sich in Teams zusammen, um noch bessere Ergebnisse erzielen zu können. Ein Kind bringt eine Idee ein, welche ein anderes perfekt ergänzen kann und so entsteht die tollste Sandburg in ihrer Welt. Warum haben so viele Erwachsene bloß damit aufgehört? Und warum haben so viele begonnen in Konkurrenz statt in Kooperation zu kreieren?

Beginnt wieder, wie Kleinkinder, zusammen euren Erfindergeist in euch zu erwecken und eure Kreativität voll auszuleben! Lasst großartiges dabei entstehen und die ganze Welt daran Teil haben!

Menschen haben das Bedürfnis konsumieren zu wollen. Je mehr sie ihren eigenen Wert erkannt haben, desto Besseres und Schöneres möchten sie konsumieren. Menschen wollen auch Dinge konsumieren, die zum Wohle aller Lebewesen und zum Wohle des Planeten sind. Erschafft zusammen all dieses mit all eurer inneren Kreativität, um den Menschen etwas Gutes zum Konsumieren zu geben.

Vor allem etwas, das sie gerne annehmen und nutzen. Etwas das zum Wohle aller Lebewesen und des Planeten ist. Die Welt braucht genau davon wieder mehr! Sie braucht nicht immer mehr und billiger und schädlicher. Sondern mehr Gutes, das allen guttut und alle zuFRIEDENstellt.

Seid mitten drin und mit allen Sinnen dabei, wenn die Menschheit zusammen Großartiges, Liebevolles und FRIEDEN auf Erden selbst kreiert!

18. Schönheit und Sinnlichkeit

Wer schön sein will muss leiden. Nein! Wer schön sein will muss lachen und mit allen Sinnen das Leben spüren.

∞

Sinnlichkeit – das den Sinnen zugewandte Sein

Sowohl Schönheit als auch das Leben sollte mit allen Sinnen aus vollster Tiefe gefühlt werden. Man sagt bekanntlich „Schönheit liegt im Auge des Betrachters.“. Und der Betrachter sieht nicht nur mit den Augen sondern auch mit dem Herzen. Das Herz fühlt klar und deutlich, was der Seele guttut und was die Seele braucht. In allen Lebensbereichen.

Sperr dein Herz nicht in einen Käfig. Lass es frei fühlen!

Wie bereits in einem vorherigen Kapitel beschrieben, möchte ich dich noch einmal daran erinnern, dass Bedingtheit und Liebe zum Leben niemals gleichzeitig existieren können. Entweder hast du

Forderungen oder du liebst es, so wie es gerade ist und handelst aus deinem Herzen heraus, wie es dir gerade guttut. Auch Angst ist eine Form eines Käfigs und bringt dich auf die falsche Seite des Fühlens. Blicke der Angst in die Augen, geh durch sie durch, atme noch ein letztes Mal tief ein und aus und dann folge deinem Herzen! Vertraue, dass das Leben dein bester Wegbegleiter ist und dich genau zur richtigen Zeit zu dem Ort und zu den Menschen bringt, die dich unterstützen, damit du deine Wünsche realisieren kannst.

Je schöner, reiner und herzlicher die Frequenz ist, die du aussendest, desto schönere und herzlichere Erlebnisse wirst du in dein Leben ziehen. So einfach ist es pure Schönheit und Sinnlichkeit erleben und fühlen zu können. Trainiere so oft und so gut du kannst tagtäglich an deiner Art zu fühlen. Verabschiede dich vom Käfig und lass dein Herz sich dem Leben voll und ganz hingeben! Lass es die schönste und stärkste Weise zu fühlen ausleben! Lass dein Herz seine innere Schönheit voll und ganz der ganzen Menschheit zeigen! Die Menschheit wird diese Energie ebenfalls mit dem Herzen sehen können. Das Herz entscheidet über Schönheit und nicht nur der von außen beeinflusste Verstand. Trau auch du dich endlich wieder auf das zu hören, was du fühlst!

Der Spiegel von Außen

Trau dich auch dein Außen wieder vermehrt zu betrachten und das Schöne in ihm sowie in den Menschen, der Natur und den Tieren zu sehen. Die Erde ist voller wunderschöner Elemente, die mit allen Sinnen erlebt werden sollten. Auch von dir.

Das Außen ist, wie du weißt, ein Spiegel von deinem Inneren. Das, was du im Außen wahrnehmen kannst, ist auch in dir. All das Schöne und Sinnliche ebenso! Erkenne endlich wieder deine eigene innere Schönheit und Sinnlichkeit. Trau dich sie der ganzen Welt zu zeigen, die nur darauf wartet, sie in vollster Pracht betrachten zu können. Tust du es bereits, dann leg noch etwas drauf. Erwecke deine gesamte innere Schönheit und Sinnlichkeit. Du bist wunderschön! - Ja auch du!

Trau dich innerlich unbeschreiblich schön und sinnlich zu fühlen! Sei zuFRIEDEN mit dir selbst, so wie du bist!

19. Harmonie und Ausgeglichenheit

Das höchste Ziel, das angestrebt werden könnte, ist innere Harmonie und Ausgeglichenheit.

∞

Das Ziel von innerer Harmonie und Ausgeglichenheit

Dieses Ziel beinhaltet einige Aspekte, die innere ZuFRIEDENheit widerspiegeln. Wer ausgeglichen und harmonisch ist, lebt beide Teile von Yin und Yang in einem gleichmäßigen Ausmaß. Die Fähigkeit geben zu können und die des Annehmen-Könnens sind ausgeglichen in jedem Bereich. Sowohl die Energie des Tages als auch die der Nacht wird genutzt. Die dunklen inneren Flecken werden betrachtet und transformiert und die inneren, strahlenden Schönheiten werden ebenso begutachtet und gestärkt. Alles existiert in einem angenehmen ausgeglichenem und gutem Maße.

Ist etwas in Disharmonie wird es automatisch ausgeglichen.
Die geistigen Gesetze wirken immer, egal ob du dir dessen bewusst bist oder nicht. Auch das gesamte Energiefeld von Planet Erde steht permanent unter Einflüssen dieser sieben hermetischen Gesetzen. Alles, was in Disharmonie ist, wird wo anders ausgeglichen. Auch physisch ist dies bemerkbar, beispielsweise durch Wind. Wind entsteht, weil ein bestimmter Erdteil einen Druckausgleich braucht.

Auch beim Menschen stauen sich oft Emotionen auf, die Druck erzeugen. Manchmal stauen sich Aggressionen, unterdrückte Worte oder Ängste so auf, bis dieser Mensch verbal oder auch in Form von Taten platzt. Er brüllt. Er schreit. Er läuft davon. Und er wirft um sich. Irgendwann muss es eben raus und damit es nicht so weit kommt, sollte schon am Anfang, wenn eine Emotion zum Vorschein kommt diese aus dem Körper fließen dürfen. Lass Emotionen zu und lebe sie im Anfangsstadium aus. Atme tief aus! Sprich über das, was dich beschäftigt oder schreie kurz! Und atme danach sofort wieder tief ein und bringe so Gelassenheit und Ruhe zurück in deinen Körper. Um all dem Vorzubeugen mach täglich Übungen, die dich in eine allgemeine innere Gelassenheit bringen. Je gelassener du allgemein bist, desto weniger kann dich überhaupt außer Gefecht setzen.

Was bringt dich zur Ruhe?
Was bringt dich in Harmonie und Ausgeglichenheit? Innere ZuFRIEDENheit erlangt zu haben, bedeutet auch innerlich gelassen und ausgeglichen zu sein. Daher beantworte dir diese Fragen und handle danach! Wenn dich ein Spaziergang in der Natur ruhig werden lässt, geh los! Wenn dich ein Kaffeetratsch mit einer Freundin oder mit einem Freund zur Ruhe bringt, dann ruf an und triff dich mit ihr, ihm! Wenn dir ein Thermenausflug innerlich guttut, dann mach ihn! Und verschiebe nichts auf „irgendwann"! Stell dir vor du hättest nur mehr ein Jahr zu leben, was würdest du tun, damit du innerlich zu Harmonie und Ausgeglichenheit kommst? Später kommt früh genug und ist schneller da als du denkst. Also beginne heute dein Leben in Harmonie zu führen!

Beginne heute innerlich zuFRIEDEN zu sein!

20. Worum es schlussendlich geht

Der Schlüssel zu innerem Frieden ist, sich innerlich gut zu fühlen, um so das Außen positiv beeinflussen, beleben und erleben zu können.

∞

Altes Wissen weitergeben

Es gibt unendlich viel altes Wissen über Gesundheit, Stressmanagement, Persönlichkeitsentwicklung, Lebensmittelherstellung, Hausbau, Energetik und vieles Weitere. Damit dies nicht verloren geht, ist es unglaublich wichtig es weiterzugeben. Ich denke, dass wir in einer Zeit leben, in der Technologie etwas Wesentliches ist. Dies bedeutet auch, dass wir auf einfachste Weise Zugriff auf jegliches Wissen haben. Dies ist daher der Spiegel, dass Wissen nicht nur mehr für besondere und überaus wichtige Menschen zur Verfügung stehen sollte sondern FÜR JEDEN EINZELNEN. Jeder Mensch sollte wissen dürfen, was ihn und sein Leben zum besten Wohle für ihn und alle anderen beeinflusst. Ich denke dies ist ein Geburtsrecht.

Es sollte auch jedem Menschen das Wissen, wie Gedanken, Gefühle und Energien richtig gelenkt werden zur Verfügung stehen, ohne diese natürlichen Prinzipien lächerlich zu machen. Viele kennen bereits das Ich-wünsche-mir-im-Voraus-einen-Parkplatz-Phänomen. Nahezu jeder, der daran glaubt, dass er einen Parkplatz bekommt, wenn er sich ihn früh und stark genug wünscht, wird einen freien Parkplatz dort, wo er ihn sucht, finden. Stell dir nun vor, wie es wäre, wenn du alles, was du dir wünscht, gleich schnell finden würdest, wie diesen Parkplatz. Denkst du ist dies möglich und realistisch? Die einzige Antwort, die ich dir hier geben kann, ist folgende. Wenn du nicht überzeugt bist, sendest du eine falsche Frequenz mit und dein Wunsch wird unerfüllt bleiben. Sendest du jedoch vollster Überzeugung einen Wunsch aus, dann ist nahezu alles, was du dir denken und wünschen kannst, auch erreichbar, manifestierbar und realisierbar.

Gelassenheit und weibliche Energie in die Welt bringen

Zum Schluss dieses Buches möchte ich dich an die weibliche Energie erinnern. Die Yin Energie, die das Dunkle, Heimische, Nächtliche, Winterliche, Ruhige und das Empfangen-können widerspiegelt.

Integriere dies so gut du kannst in deinem Leben und teile dieses Wissen auch mit deinem Umfeld. Lasst uns so gemeinsam wieder mehr Weiblichkeit in unsere Welt integrieren.

Liebevoller und achtsamer Umgang miteinander

Macht, Gier, Neid, Hass und Unterdrückung haben die letzten Jahrhunderte prahlend wirken können auf diesem Planeten. Ich denke, es ist an der Zeit einen Schlussstrich zu ziehen und diese Emotionen in Großzügigkeit, Gelassenheit, Gönnen-Können, Dankbarkeit, Liebe und Unterstützung umzuwandeln. Dies bewirkt eine Frequenzanhebung, die zum Wohler aller Menschen, Tiere und zum Wohle des ganzen Planeten wirken kann, und so kann endlich diese lang ersehnte FRIEDVOLLE WELT entstehen, die sich sehr viele schon lange wünschen. Lasst sie uns gemeinsam erschaffen!

Es inkarnieren vermehrt Kinder mit unglaublich starken empathischen Fähigkeiten. Sie sollen uns wieder eine Welt zeigen, die Mitgefühl, Achtsamkeit, Respekt und helfende Aktionen zum Wohle aller beinhaltet. Sie wollen uns zeigen, was es bedeutet bedingungslos zu geben, vertrauen zu können und zu lieben.

Ich bin der Meinung Empathie ist lernbar, wenn Offenheit und Interesse dafür bestehen. Eine Übung dazu wäre, dass du vermehrt beginnst, die Menschen um dich herum zu betrachten und dir die Frage zu stellen, was diese gerade fühlen könnten. Welche Emotionen könnten gerade in ihnen aktiviert sein? Was beschäftigt sie gerade? Trainiere dein Feingefühl und deine Beobachtungsfähigkeit. Übe täglich, um so mehr empathische Fähigkeiten zu entwickeln. Bringe diese Fähigkeit auch deinen Kindern bei, beziehungsweise lass sie ihre Fähigkeiten einfach voll ausleben. Sie sind ein Geschenk, die oft nützlich sein können.

Gib deine inneren Gaben und Fähigkeiten für die Außenwelt frei!

Abschließend möchte ich dich erinnern, dass jeder Mensch einzigartige Gaben und Fähigkeiten in sich trägt. Natürlich auch du! Trau dich sie der ganzen Welt zu offenbaren und genieße bei der Umsetzung diese neugewonnene innere Freiheit, Freude und ZuFRIEDENheit! Gehe den ersten Schritt und bring die Veränderung in Bewegung. Sei offen für das, was das Leben dir bringt und nimm es auch an! Du wirst merken, dass sich mit jedem Schritt mehr Selbstsicherheit in dir bildet und dadurch wird auch dein Selbstwert ansteigen. So wirst du Schritt für Schritt zu immer tieferem inneren Frieden in dir gelangen und dadurch wirst du auch ein wesentlicher, wichtiger und wertvoller Teil für alle sein.

Das ist der Beginn einer friedvollen Welt.

Danksagung

Ich möchte DANKE sagen…

… in erster Linie an DICH lieber Leser und liebe Leserin, dass du dir Zeit genommen hast, um dieses Buch zu lesen. Ich möchte mich auch bedanken, dass du es bis zum Ende durchgelesen hast. Ich hoffe, ich konnte dir hiermit einige tolle Impulse auf deinen Weg mitgeben, damit du so mehr Freude, Leichtigkeit, Liebe und vor allem ZuFRIEDENheit in dein Leben integrieren kannst. Über ein Feedback deiner erreichten Veränderungen freue ich mich immer sehr, falls du mir eines geben möchtest. Ich wünsche dir das Allerbeste und viele sonnige und tiefgehende Freudenmomente auf deinem weiteren Lebensweg! ☼

Ich möchte mich auch bei allen bedanken, die bewusst und auch unbewusst Teil meines eigenen Entwicklungsprozesses waren, wodurch ich dieses Buch überhaupt kreieren konnte. Ohne euch gäbe es dieses wunderbare Werk nicht. Ich danke euch von ganzem Herzen! ♥

Zum Schluss möchte ich noch allen helfenden Menschen danken, die dieses Buch lektoriert haben - DANKE Dir liebe Freia F. C. Weixelbaum - und mir bei der Verbreitung halfen und helfen. Auch DANKE an Martin Wolf für das wunderschöne Coverfoto! Ihr alle seid wahre Schätze, denen ein riesengroßer Dank gebührt!

Merci à tous!
(Danke an alle!)

Weitere Bücher von Meli Jurak finden Sie auf:

www.melijurak.com

38360491R00067

Printed in Poland
by Amazon Fulfillment
Poland Sp. z o.o., Wrocław